AF538061

Frank-Roland Klaube

ALT-KASSEL

Bilder, die Geschichte erzählen

Wartberg Verlag

Bildnachweis

Alle Bilder stammen aus dem Stadtarchiv Kassel, Bestand Carl Eberth.

Bildsignaturen mit Seitenverweis: 0.500.621 (Umschlagvorderseite), 0.502.000 (Umschlagrückseite), 0.500.490 (5), 0.502.198 (6), 0.500.540 (7), 0.503.686 (8), 0.503.407 (9), 0.500.806 (10), 0.505.197 (11 l.), 0.503.099 (11 r.), 0.503.119 (12), 0.500.524 (13), 0.502.128 (14), 0.501.274 (15 l.), 0.541.643 (15 r.), 0.500.615 (16), 0.501.601 (17), 0.501.625 (18), 0.500.511 (19), 0.502.724 (20), 0.502.731 (21 l.), 0.503.124 (21 r.), 0.500.502 (22), 0.500.900 (23), 0.503.963 (24), 0.501.511 (25), 0.500.988 (26), 0.501.139 (27), 0.514.438 (28), 0.503.355 (29), 0.500.535 (30), 0.546.092 (31), 0.521.495 (32), 0.515.809 (33), 0.501.010 (34), 0.503.342 (35), 0.502.417 (36), 0.500.597 (37), 0.503.877 (38), 0.500.994 (39), 0.502.647 (40), 0.552.326 (41), 0.502.338 (42), 0.500.343 (43), 0.520.640 (44), 0.537.520 (45), 0.503.597 (46), 0.510.188 (47), 0.525.437 (48), 0.502.000 (49), 0.500.947 (50), 0.507.332 (51), 0.507.394 (52), 0.501.981 (53), 0.502.347 (54), 0.500.232 (55), 0.502.117 (56), 0.518.012 (57), 0.502.143 (58), 0.518.606 (59 o.), 0.507.553 (59 u.), 0.543.595 (60), 0.502.985 (61), 0.521.527 (62), 0.511.006 (63), 0.502.943 (64), 0.526.850 (65), 0.539.238 (66), 0.503.197 (67), 0.522.480 (68), 0.504.135 (69), 0.513.697 (70), 0.514.178 (71), 0.502.192 (72), 0.502.659 (73), 0.500.042 (74), 0.501.665 (75), 0.552.324 (76), 0.501.594 (77), 0.501.245 (78), 0.501.592 (79 l.), 0.511.171 (79 r.), 0.500.044 (80), 0.508.098 (81), 0.503.054 (82), 0.503.734 (83 l.), 0.506.976 (83 r.), 0.530.043 (84), 0.502.973 (85), 0.552.301 (86), 0.505.288 (87), 0.505.255 (88), 0.541.512 (89), 0.505.684 (90), 0.505.364 (91), 0.521.825 (92 l.), 0.505.525 (92 r.), 0.504.130 (93), 0.508.621 (94 l.), 0.506.031 (94 r.), 0.515.239 (95).

Titelbild: Der Königsplatz – „Drehscheibe“ zwischen Altstadt und Bahnhofsgegend, Oberneustadt und Nordstadt, um 1935.

Umschlagrückseite: Das Fuldaflussbad, 1930er-Jahre.

1. Auflage 2017

Layout und Satz: Christiane Zay, Potsdam
Druck: Media-Print Informationstechnologie GmbH, Paderborn
Buchbinderische Verarbeitung: S. R. Büge, Celle

34281 Gudensberg-Gleichen, Im Wiesental 1
Telefon: (0 56 03) 930 50
www.wartberg-verlag.de
ISBN 978-3-8313-2265-7

Inhalt

Kassel – eine vielfältige Stadt

„Cassel die Hauptstadt von Kurhessen und die Residenz des Kurfürsten (...) fällt auf der nordöstlichen Seite, von der über die Lutternberger Anhöhe führenden Straße aus, am besten ins Auge. Sie gewährt von hieraus einen überraschend schönen Anblick, der durch die reizendsten Umgebungen, den durch das Thal sich schlängelnden Fulda-Fluß und besonders am Morgen, durch den Glanz der Sonne, wenn solche von den schönen Gebäuden und dem Wasserspiegel des Flusses zurückstrahlend, das ganze schöne Thal beleuchtet, sehr erhöht wird." Diese Einleitung, entnommen aus dem Buch „Cassel & Wilhelmshöhe enthaltend nützliche Nachweisungen für Einwohner und Fremde" von 1828, gibt einen ersten Hinweis auf das Aussehen der Stadt Kassel zu Beginn des 19. Jahrhunderts. Weiter heißt es dort, „[die Stadt] besteht aus drei nach einander entstandenen Städten, zwei Vorstädten und dem großen eingeschlossenen herrschaftlichen Park, die Carls-Aue genannt. Es hat überhaupt 16 öffentliche Plätze, 12 Kirchen, 66 Straßen und 9 Thore. Die Stadt ist mit einer 10 Fuß hohen, sehr dicken Mauer bis an die Südseite umgeben."

Zu verdanken hat die Stadt ihr teilweise prachtvolles Aussehen dem Umstand, dass sie bis 1866 Residenzstadt der hessen-kasselschen Landgrafen und Kurfürsten gewesen ist, die „ihre" Stadt entsprechend um- und ausbauten.

Von der einstigen Pracht ist nach dem schweren Bombenangriff vom 22. Oktober 1943, durch den die Stadt in nur wenigen Minuten in ein Trümmerfeld verwandelt wurde, nicht mehr viel übrig geblieben. Drei Viertel der Wohnbebauung und zwei Drittel der Industrieanlagen wurden restlos zerstört; von der historischen Altstadt, geprägt durch verwinkelte Gassen und Fachwerkgebäude, blieb nichts mehr erhalten. Das, was den Zweiten Weltkrieg überstanden hatte, wurde anschließend dem städteplanerischen Denken der 1950er-Jahre geopfert, so dass Kassel heute ein völlig anderes städtisches Gesicht zeigt, als das zu Beginn des 20. Jahrhunderts noch der Fall gewesen ist. Rekonstruieren lässt sich das „alte" Kassel deshalb nur anhand von Fotografien.

Der Fotobestand des Stadtarchivs umfasst nahezu 150 000 Bilder zu historischen Themen der Stadtgeschichte. Jedem, der sich mit alten Aufnahmen beschäftigt, begegnet dabei früher oder später der Name „Eberth". Das für die bildliche Dokumentation der Geschichte Kassels einzigartige Bildarchiv des Fotohauses Carl Eberth wurde 2006 von der Familie Eberth an das Stadtarchiv übergeben. Aus den über 100 000 Fotomotiven auf Papier oder Negativen wurden für die vorliegende Publikation 100 Motive ausgewählt. Dem interessierten Leser bietet sich damit die Möglichkeit, einen historischen Spaziergang durch das alte Kassel, ausgehend von der Oberneustadt über die Altstadt und die einzelnen Stadtteile links und rechts der Fulda bis zur Wilhelmshöhe, zu unternehmen und das alte Kassel zu erleben.

Dr. Stephan Schwenke (Leiter Stadtarchiv Kassel)

Das pulsierende Herz der Stadt – Oberneustadt mit Friedrichsplatz und Königsplatz

Kassels Flaniermeile

Mitten in der Stadt, oberhalb der alten Fachwerkstadt, beeindruckt eine gerade Straße voller Leben und Betriebsamkeit – die Obere Königsstraße. Rechts angeschnitten das Rathaus, ein neubarocker Bau aus dem Anfang des 20. Jahrhunderts, der kommunale Verwaltungsmittelpunkt. Diesem gegenüber standen teilweise schlichte barocke Wohngebäude des 18. Jahrhunderts, deren Erdgeschosse im Laufe der Zeit von Geschäftsleuten zu Läden und Gaststätten umgestaltet wurden. Uns bietet sich eine Alltagsszene aus den dreißiger Jahren. Im Jahre 1933 zählten die Statistiker 175 660 Einwohner in der Hauptstadt des Regierungsbezirks Kassel, und einige Jahre später, nach Eingemeindung benachbarter Dörfer, waren es über 200 000. Kassel konnte sich nun als wirkliche Großstadt fühlen.

Wilhelmshöher Platz

Ein weiterer Blick in die Obere Königsstraße, vom Wilhelmshöher Platz aus, vom Fotografen bewusst gestaltet, um Tiefenwirkung zu erzielen. An die rechte Seite der Aufnahme rückte Carl Eberth ein Denkmal, das an die Gründung des zweiten deutschen Kaiserreichs und die Krönung des Preußenkönigs Wilhelm zum deutschen Kaiser (1870/71) erinnerte. Es war im Jahre 1898 enthüllt worden. Für die Errichtung des Gedenk-Obelisken hatten die Kasseler Maler- und Weißbindermeister Heinrich und Johannes Wimmel eine beträchtliche Summe gestiftet, und so hieß das Denkmal im Volksmund einfach „Wimmelstift". Im Frühjahr 1965 wurde das Denkmal abgetragen und im Murhardpark (ehemals Fürstengarten) hinter dem Landesmuseum wieder aufgebaut. Einen markanten Abschluss der Blickachse bilden die schlanken neugotischen Türme der Martinskirche.

Rathaus im Schnee

Vor dem Rathaus in der Oberen Königsstraße an einem Tag nach Schneefall. Carl Eberth war ein reger Bildjournalist, es gab kaum ein Ereignis in der Stadt, das ihm entgangen wäre. Aber auch eine Neigung zur Idylle lässt sich bei ihm erkennen. Immer wieder reizte es ihn, das Stadtbild im Schnee festzuhalten, so auch die beiden Brunnen vor dem Rathaus. Im Vordergrund der Henschelbrunnen mit der Skulptur „Heimkehr vom Felde". Sophie Henschel stiftete ihn der Stadt, jene Frau, die nach dem Tod ihres Mannes im Jahre 1894 sechzehn Jahre lang selbstständig die in Kassel ansässige, in Zeiten der Hochindustrialisierung gewaltig expandierende Lokomotivfabrik Henschel und Sohn geleitet hatte. Im Hintergrund ragt der Obelisk des Aschrottbrunnens empor, gestiftet von dem Unternehmer Sigmund Aschrott. Dieses Architekturstück ohne konkretes Motiv hieß im Volksmund „die Zitronenpresse". 1939 vermuteten fanatische Nazis an dem Obelisken jüdische Symbole und konnten den Abbruch durchsetzen.

Hauptgeschäftsstraße

In der Oberen Königsstraße nach Einbruch der Dunkelheit: Leuchtreklamen und Leuchtschriften sind längst angegangen. Elegant gekleidete Frauen spazieren an dem Textilwarenfachgeschäft Wiese vorbei. Die Obere Königsstraße war in der zweiten Hälfte des 19. Jahrhunderts zur bevorzugten Einkaufsstraße geworden. Seit mehr als zweihundert Jahren führt die Königsstraße ihren Namen, unterteilt durch den Königsplatz in eine Obere und eine Untere Königsstraße. Eine öffentliche Bekanntmachung der fürstlichen Polizei-Kommission vom 14. Juni 1782 legte amtlich fest, dass die lange Straße „Vom Königsthor (heute Brüder-Grimm-Platz) herunter bis an die Kasernen (heute etwa in der Gegend der Jägerstraße)" Königsstraße heißen solle. Der Name erinnert an den dritten Sohn Landgraf Karls, Friedrich (1676 in Kassel geboren, 1751 in Stockholm gestorben), der durch Heirat auf den schwedischen Königsthron gelangt war. Sein Stammland, die Landgrafschaft Hessen-Kassel, hat er als Friedrich I. mehr nominell als tatsächlich regiert.

Opernplatz

Auf dem Opernplatz wurde gegen Ende des Jahres 1937 eine große Werbeskulptur errichtet für das „Winterhilfswerk des deutschen Volkes", kurz WHW genannt. Bereits in der Weimarer Republik war diese Stiftung 1931/32 gegründet worden, um materielle Not in der Bevölkerung zu lindern. Die Nationalsozialisten vereinnahmten diese Organisation und bauten sie erfolgreich zu ihrem Nutzen aus. Von der Propaganda besonders herausgestellt wurde der monatliche Eintopfsonntag, bei dem das am üblichen Sonntagsessen eingesparte Geld als Spende erwartet und abkassiert wurde. Daneben gab es weitere Einnahmen durch eigens veranstaltete Theateraufführungen und Konzerte, WHW-Briefmarken, Gau-Straßensammlungen und Sammeldosen in Geschäften. Links hinter der WHW-Werbung erkennt man das Spohr-Denkmal, überragt vom Palais Waitz von Eschen, das im Zweiten Weltkrieg zerstört wurde. Heute steht hier das Modekaufhaus C&A.

Friedrichsplatz

Blick an einem Frühlingstag vom Opernplatz über den Friedrichsplatz hinweg zum Preußischen Staatstheater. Die weite wassergebundene Fläche des rechteckigen Platzes bot stets Raum für unterschiedlichste Nutzung, Darbietungen und Präsentationen, Demonstrationen und vor allem für militärische Aufmärsche. Und das alles unter den Augen Landgraf Friedrichs II. von Hessen-Kassel, dessen Denkmal bis heute in der Mitte des Platzes steht. Leider musste Friedrich mit ansehen, wie im Jahre 1933 vor dem Gebäude mit seinem Namen, dem Museum Fridericianum, einige tausend Bücher in Flammen aufgingen, deren Autoren den Nazis verhasst waren. Wenige Jahre später, im Zweiten Weltkrieg, gingen weite Teile Kassels in Flammen auf.

Verkehrsregelung

Verkehrsregelung in den dreißiger Jahren auf der Oberen Königsstraße. Der Polizist im Einsatz trägt die übliche Kopfbedeckung, den charakteristischen Tschako mit Polizeistern an der Stirnseite. Der kalten Jahreszeit entsprechend ist er mit einem Wintermantel ausgestattet. Zwischen den umnebelten Linden würde man bei besserem Wetter den Friedrichsplatz sehen. Zum Zeitpunkt der Aufnahme gibt es nicht viel zu regeln. Die Straßenbahn auf der Oberen Königsstraße hat nach Stellung des Polizisten Vorfahrt. Doch woher kommt die andere Tram? Das hier abzweigende Gleis brachte Besucher zum Theater. Doch nicht nur das: Die Linie 2 der „Großen Kasseler Straßenbahn" verlief von Kirchditmold über Ständeplatz und Rathaus am Rande des Friedrichsplatzes entlang zum Theater und dann weiter über Altmarkt und Hallenbad bis nach Bettenhausen.

Der Bummel

Ein Wagen der Straßenbahnlinie 1 hat an der Haltestelle Friedrichsplatz gehalten und verdeckt den Blick auf den Friedrichsplatz. Passanten gehen offenbar zielstrebig die Königsstraße hinauf und hinunter. Besorgungen und Arztbesuche mögen der Anlass sein. Doch gab es auch Zeiten des Flanierens, des Sehens und Gesehenwerdens: der Bummel. Davon schwärmte seinerzeit der bekannte Kasseler Journalist Sigmund Dispeker: „Seine klassische Strecke Königsplatz – Wilhelmsstraße und zurück ist unverändert geblieben. Da sind immer noch die Gymnasiasten, die Backfische, mit den Klaviernotentaschen, in denen sich nicht immer Noten zu befinden brauchen, die Offiziere, die Kasseler Lebewelt, die Schauspieler, auf dem Weg zu ihrer Kunststätte begriffen, die vielen, vielen Frauen und jungen Mädchen ... Zwischendurch eilen auch die täglichen Besucher der Cafés ihren Stammlokalen zu ...".

Museum und mehr

Zu den Hauptmotiven in Kassel gehörte stets der weiträumige Friedrichsplatz mit seiner attraktiven Fassadenfront an der Nordostseite. Durch einen säulengetragenen Vorbau besonders betont, nimmt das Museum Fridericianum breiten Raum ein. Seit seiner Eröffnung im Jahre 1779 war es ein Hort enzyklopädischen Wissens. Museale Sammlungen und eine bedeutende Bibliothek zogen Besucher und Forscher von weither nach Kassel. Hier fanden die Brüder Jacob und Wilhelm Grimm reiches Material für ihre germanistischen Veröffentlichungen. Als die musealen Sammlungen im Jahre 1913 in einen Neubau am heutigen Brüder-Grimm-Platz umzogen, konnte sich die Landesbibliothek im Gebäude des Museum Fridericianum angemessen entfalten.

Neustadt oberhalb der Altstadt

Zwischen den Eingangssäulen des Roten Palais hindurch blickt man über den Friedrichsplatz hinweg auf Häuser der Oberneustadt. Über deren Dächern ragt der Turmaufsatz der Karlskirche empor. Zwischen den Säulen links erkennt man vor den Wohnhäusern das Denkmal Landgraf Friedrichs II., dem die große Neugestaltung der Stadt im 18. Jahrhundert zu danken ist. Nach Ende des Siebenjährigen Krieges, der manchem die Nutzlosigkeit von Stadtbefestigungen deutlich gemacht hatte, befahl Friedrich II., die Bastionen zu schleifen, die Gräben zuzuschütten und die Gegend zwischen Zwehrenturm und Oberneustadt mit einer Platzfläche und Randgebäuden zu gestalten. Es entstand der Friedrichsplatz, der bis zum Zweiten Weltkrieg häufig für Paraden und Aufmärsche, Militärkonzerte, Zirkusveranstaltungen und Märkte genutzt wurde.

Theaterkonzert im Freien

Nicht nur im Staatstheater selbst wurde musiziert, sondern auch auf dem Balkon über dem Eingangsportal des Gebäudes. Ende der zwanziger Jahre ging es infolge der Wirtschaftskrise vielen Menschen in Deutschland sehr schlecht. Ein Hilfswerk wurde ins Leben gerufen, um manchem zumindest über den Winter hinwegzuhelfen. Es entstand die so genannte Winterhilfe. Vielerorts bemühte man sich um Spendenaktionen, auch in Kassel. Robert Laugs, seit 1914 erfolgreicher Kapellmeister am Kasseler Theater, dirigierte im Oktober 1931 dieses ungewöhnliche „Open-air-Konzert", dessen Erlös der Winterhilfe zugutekam. Einigen Herren des Orchesters muss es etwas frisch um den Kopf gewesen sein, sie trugen Hüte. In späteren Jahren wurden die WHW-Konzerte aus Witterungsgründen in der Stadthalle veranstaltet.

Staatliches Theater

Ein voll besetzter Zuschauerraum des Staatstheaters. Über dem Parterre in der Mitte die „Große Loge", in der früher Kaiser Wilhelm II. oft gesessen hatte; rechts und links davon Logen, darüber der II. Rang und darüber der III. Rang und ganz oben die Galerie, scherzhaft „Olymp" genannt. Mehr als 1400 Zuschauer fanden hier Platz, Stehplätze gab es nicht, auch nicht in der Galerie. Opern, Operetten und Schauspiele wurden zur Aufführung gebracht und zwar stets im Wechsel, da nur eine Aufführungsstätte in diesem 1909 eingeweihten Haus zur Verfügung stand. Im Laufe der Zeit wurde dies durchaus als Mangel empfunden. Nicht zuletzt deshalb argumentierten nach dem Zweiten Weltkrieg viele für einen neuen Theaterbau mit Großem und Kleinem Haus.

Nicht nur Schöne Aussicht

Diese Fotografie ist am 13. März 1938 entstanden. Am Vortag waren deutsche Truppen in Österreich einmarschiert. Der „Anschluß Österreichs", wie es damals hieß, wurde am Abend des 12. März mit einem großen Aufmarsch von Wehrmacht, Partei und Arbeitsdienst auf dem Friedrichsplatz gefeiert. Den nächsten Tag, einen Sonntag, zelebrierten Wehrmacht und NSDAP als Heldengedenktag, ebenfalls auf dem Friedrichsplatz. Völlig verändert hatte sich der Charakter dieses Gedenktags, der 1934 an die Stelle des Volkstrauertags im November getreten war. Nicht mehr trauerndes Totengedenken stand im Mittelpunkt, sondern Heldengedenken und offensive Demonstration militärischer Stärke. Davon blieb auch die Schöne Aussicht nicht verschont, eine der schönsten Wohnstraßen des alten Kassel.

Oberhalb der Karlsaue

Gewöhnlich bot sich die „Schöne Aussicht" oder Bellevue, wie sie vorher hieß, ruhig und beschaulich. Der Grieben-Reiseführer aus dem Jahr 1939 hebt sie mit einem Sternchen hervor und rühmt „einen unvergleichlich schönen Ausblick über die Karlsaue". Es muss ein Tag im Frühjahr gewesen sein, als Carl Eberth diese reizvolle Gegenlichtaufnahme gelang, da die Personen lange Schatten werfen. Die Spaziergänger und die Mütter mit Kindern sind noch in dicke, wärmende Kleidung gehüllt. Sie haben ihre Wohnungen verlassen, um hier Licht und Luft zu genießen. Dabei bot sich vor Ort Anlass zu einem altbekannten Spruch: „An der Schönen Aussicht werden die Pfannkuchen nur auf einer Seite gebacken." Eine andere, bebaute Seite der Straße gab es ja nicht! – Rechterhand im Bild sind die behauenen Quader der Staatlichen Gemäldegalerie zu sehen, die von einem unvollendeten Kurfürstenschloss in der Altstadt stammten.

Ein Palast für die Schönen Künste

Heutzutage kennen wir das stattliche Gebäude an der Schönen Aussicht aus dem Jahre 1877 als Neue Galerie, 1976 eingeweiht für die Kunstwerke der Staatlichen Kunstsammlungen, die aus dem 19. bis 21. Jahrhundert stammen. Vor dem Zweiten Weltkrieg wurden in dem Gebäude die „Alten Meister" präsentiert. Statuen von Rembrandt und Rubens am östlichen Haupteingang deuteten dem Besucher an, was ihn erwartete. Unter den 800 Gemälden befanden sich 21 Rembrandts, 12 Rubens; ferner waren Hals, van Dyck und Jordaens sowie die hauptsächlichsten Meister der Niederlande vertreten. Diese Sammlung von hohem Rang – heute im Schloss Wilhelmshöhe zu bewundern – geht vor allem auf die Gemäldebegeisterung Landgraf Wilhelms VIII. von Hessen-Kassel zurück, der lange Zeit in den Niederlanden lebte und praktisch vor Ort sammelte.

Landgrafenmuseum

Um das von den hessischen Landgrafen seit dem 16. Jahrhundert gesammelte Kulturgut zu präsentieren, wurde in den Jahren 1934 bis 1938 das Landgrafenmuseum eingerichtet. Hierfür nutzte man das zum Gesamtkomplex Schloss Bellevue zählende frühere Palais des Landgrafen Wilhelm VIII. „Kassel sei um eine bedeutsame Sehenswürdigkeit reicher geworden", schrieb eine Kasseler Zeitung bei der Eröffnung. Im Erdgeschoss und ersten Stock war die Antikensammlung Landgraf Friedrichs II. zu sehen. Der große Galeriesaal, schon zu Zeiten Wilhelms VIII. Gemäldegalerie, erstand in neuer Pracht. Hof und Galeriesaal des Landgrafenmuseums waren oft Schauplätze besonderer Ereignisse. Hier veranstaltete Prinz Philipp von Hessen als Hausherr Serenadenabende und Empfänge. Bei einer dieser Veranstaltungen ist dieses Foto vom Innenhof belichtet worden.

Wilhelmsstraße – einst bevorzugte Wohnlage

Beim Blick vom Ständeplatz in die belebte Wilhelmsstraße wird dem gründlichen Betrachter ein Detail auffallen: Von der Karlskirche ist auf der linken Fassadenseite weniger zu sehen als rechts, die Kirche steht nicht ganz in der Mittelachse der Straße. Schuld daran ist eine durchsetzungsfähige Frau ... Als es vor etwa 300 Jahren bei der Kasseler Oberschicht Mode wurde, in dem neu geplanten Stadtviertel ein Haus zu bauen, erwarb die Gräfin Marguerite von Langallerie einen Bauplatz an der Ecke Obere Karlsstraße/Wilhelmsstraße. Die adlige Dame, die in hoher Gunst bei dem Landesfürsten stand, wollte sich aber nicht mit der Standardbreite von drei Fensterachsen an der Karlsstraße begnügen, sondern wünschte ein stattlicheres Haus mit fünf Achsen. Das erreichte sie auch. Doch dadurch musste die ganze bisher unbebaute Bauflucht an der Wilhelmsstraße verschoben werden!

Stadtpark-Gastronomie

Eine zeitgenössische Annonce wirbt: „STADTPARK-RESTAURANT. Die gediegene Gaststätte. Allseitig gerühmte Küche. Kasseler und Münchner Biere. Direkt im Zentrum. Garde-du Corps-Platz 5 ..." Doch wurde noch viel mehr geboten: Veranstaltungssäle, ein schöner großer Biergarten und Freilichtkino! „Der Versuch, in Kassel für die Sommermonate ein Lichtspieltheater im Freien zu schaffen, kann seit gestern als gelungen bezeichnet werden. Direktor Henkel hat es verstanden, das Bedürfnis des Publikums nach guter Gartenmusik, dem Genuß eines Gläschens Bier und nach den Offenbarungen der Lichtspielkunst zu vereinigen, also sozusagen drei Fliegen mit einer Klappe zu schlagen." So schrieb eine Kasseler Tageszeitung im Juni des Jahres 1921. Es war eine Sensation, war es doch das erste Freiluftkino in Deutschland! Auf unserem Foto, das zu einem späteren Zeitpunkt entstand, erkennt man die zwei quadratischen Lautsprecher und dazwischen die nach hinten hochgeklappte Leinwand.

Veranstaltungszentrum Stadtpark

In den letzten Jahrzehnten des 19. Jahrhunderts entwickelte sich der Stadtpark mit seinen Sälen zu einem Mittelpunkt des gesellschaftlichen und geselligen Lebens. Der jahrhundertealte „Stadtbau", das alte Hochzeitshaus an der Fuldabrücke, war veraltet und wurde beim Bau der Fuldabrücke im Jahre 1909 abgebrochen. Vor allem als der ehemalige Kapellmeister Georg Henkel 1918 den Komplex des Stadtparks übernahm, wurden von Vereinen und Schulen zahlreiche Feste gefeiert. Tagungen fanden statt, Modenschauen, ja sogar Boxveranstaltungen, für die im großen Saal ein Ring aufgebaut wurde. Zweimal stand der berühmte Clown Grock auf der Bühne, zuletzt 1937. Besonders glanzvoll war das „Fest der kurhessischen Presse" am 21. Januar 1939, zu dem das bekannte Tanz- und Schauorchester von Bernhard Etté aufspielte.

Königliches Kreisrund

Sechs Straßen münden in den Königsplatz ein: Obere und Untere Königsstraße, Kölnische Straße, Poststraße, Untere Karlsstraße und An der Garnisonkirche. Mit dieser Sammel- und Verteilfunktion wurde der Platz vor 250 Jahren von dem Architekten Simon Louis du Ry angelegt. Auf der schmucklosen, gepflasterten Platzfläche kam eine Besonderheit zur Geltung, auf die in Reiseführern früherer Zeiten gern hingewiesen wurde: Das Echo auf dem Königsplatz. „In seiner Mitte antwortet dem Rufer ein sechsfaches Echo" heißt es noch in einem Büchlein von 1850. Welche Stille muss hier geherrscht haben! Doch zumindest seit dem Sommer 1877, als die Dampfstraßenbahn zischend und ratternd von hier nach Wilhelmshöhe startete, war es mit der Stille vorbei! Kurz darauf wurde das alte Posthaus abgebrochen und im Stil eines italienischen Palazzo die „Kaiserliche Oberpostdirektion" errichtet. Diese Aufnahme ist ein halbes Jahrhundert danach, in den dreißiger Jahren entstanden. Heute erhebt sich an gleicher Stelle der „City-Point".

Frisches aus der Region

Fast zwei Jahrhunderte wurde auf dem Königsplatz Markt abgehalten. Das lebhafte Treiben des Wochenmarktes erlebte in den ersten Jahrzehnten des 20. Jahrhunderts seine größte Ausdehnung, sogar in den Seitenstraßen mussten Stände aufgebaut werden. Ging man von der Oberen Königsstraße nach rechts zur Commerzbank, so standen dort zahlreiche Schwälmer Butterverkäufer: Blauer Kittel, weiße Strümpfe, Pudelmütze, das Auge fest auf potenzielle Käuferinnen gerichtet. „Madammchen, wie iss es dann?" So oder ähnlich war ihre Ansprache. Und manche Madame probierte dann ... An die Buttermänner schlossen sich die Geflügelleute mit ihren Gänsen, Hühnern und Enten an. Auch gab es Schmandmäderchen. „Wunn Sä Schmand?" war ihre Frage an die Passanten. In der Mitte des Platzes wurden Obst, Gemüse und Salat angeboten, natürlich auch Blumen. Und in der Unteren Karlsstraße befand sich das Reich der Frischfische, meist in Bottichen.

Rokoko-Schönheit Brühl'sches Haus

Die immer wieder auftretende Trauer um das verlorene Stadtbild reduziert sich häufig auf die vermeintlich idyllische Fachwerk-Altstadt. Wenig Berücksichtigung finden die Bauten anderer Stilepochen, etwa des Barock und Rokoko. Neben dem Nahl'schen Haus, dem zierlichen Rokokohaus Obere Königsstraße 41, gehörte das Haus Königsplatz 55, Ecke Kölnische Straße, zu den „am reichsten, wenn auch nicht am feinsten mit plastischem Schmuck und Figuren verzierten Bürgerhäusern des deutschen Rokoko". Um 1770 errichtet, passte sich das Haus von den äußeren Maßen in den vorgegebenen Rahmen der Platzrandbebauung ein. Da der Bauherr Johann Michael Brühl Hofstukkateur war, wundert es nicht, dass er mit der Fassadengestaltung sein Können demonstrieren wollte. Zur Steigerung bezog er auch plastischen Schmuck des Bildhauers Johann August Nahl ein. Heute steht an dieser Stelle der Neubau des Bekleidungshauses Peek & Cloppenburg.

Stadthaus eines Affenliebhabers

Dieses schmucklose barocke Stadtpalais am Königsplatz, Ecke Poststraße, erbaute in den siebziger Jahren des 18. Jahrhunderts ein Mann, der in Kassel eine erfolgreiche militärische und politische Karriere gemacht hatte, der General und spätere Staatsminister Martin Ernst von Schlieffen. Hier wohnte er viele Jahre, bis er sich im Alter auf seinen Sommersitz Windhausen zurückzog. Zwar gebildet und weltgewandt, zog Schlieffen es dort vor, Menschen zu meiden und sich mit Affen zu umgeben. Nachdem diese wegen Tollwut erschossen werden mussten, setzte er ihnen im Park seines Gutes ein steinernes Denkmal. Das Haus am Königsplatz geriet nach seinem Tod in andere Hände, wurde lange als Hotel („Zum König von Preußen") genutzt und in den Jahren 1936 und 1938 zu einem Kurhessischen Kulturhaus umgestaltet, in dem unter anderem Kunst- und Kunsthandwerksausstellungen präsentiert wurden.

Frankfurter Straße in hugenottischer Schlichtheit

Als erster Straßenzug in der vor mehr als 300 Jahren geplanten, hugenottischen Stadt (später Oberneustadt genannt) entstand die Frankfurter Straße zwischen Friedrichsplatz und Weinberg. Zwischen den in der Sonne liegenden typischen Fassaden der Wohnhäuser mit ihren fünf Fensterachsen liegt die Karlskirche, deren Haupteingang bis zur Neugestaltung nach dem Zweiten Weltkrieg an dieser Seite lag. Rechterhand, im Schatten gelegen, die Front des Stadtpalais des Prinzen Wilhelm. Prinz Wilhelm, sechster Sohn von Landgraf Karl, hat sich vor allem durch sein kulturelles Wirken bleibende Verdienste erworben. Er wurde zum Gründer einer der bedeutendsten fürstlichen Gemäldegalerien (heute im Schloss Wilhelmshöhe).

Die Seele der Stadt – Altstadt

Stadttor Richtung Zwehren

Eines der Tore, die den Zugang in die mittelalterliche Stadt ermöglichten, war das Zwehrentor, ein Torturm, der die nach Süden Reisenden und von Süden Kommenden aufnahm. Durch die im 16. Jahrhundert vorgelegten Wälle und Bastionen entstand im Anschluss an den Torturm ein tunnelartiges Gewölbe von ungefähr 100 Metern Länge. Dieser nicht beleuchtete Gang war unangenehm zu begehen. Nachdem im Jahre 1587 eine Frau, die ein Bündel Heu auf dem Kopf trug, durch einen Ochsen in dem dunklen Gewölbe aufgespießt und ein Offizier durch eine Kuhherde zu Tode getrampelt worden war, wurde das Tor geschlossen und an anderer Stelle ein neues, das „Neue Thor", angelegt. Nach Schleifung der Festungsanlagen wieder zugänglich gemacht, fokussiert der Torbogen des Zwehrenturms den Blick auf das Hofhospital St. Elisabeth, benannt nach der heiligen Elisabeth, der Stammmutter des hessischen Fürstenhauses.

Altmarkt

Stattliche Bürgerhäuser umstanden den zentralen Platz der Altstadt, den Altmarkt, Hauptplatz des mittelalterlichen Marktgeschehens und des Stadtregiments. An diesem Platz stand einst das gotische Rathaus, das 1837 abgebrochen wurde. Noch zu Anfang des 20. Jahrhunderts war der Kunsthistoriker Dr. Alois Holtmeyer überzeugt, dass sich Kassels historische Bausubstanz sehen lassen könne. „Beinahe die ganze Altstadt bildet eine große Sammlung guter Wohnbauten, ein Freiluftmuseum alter Städtebaukunst." Und weiter: „Diese in ihrer Art wohl einzig dastehende Einheitlichkeit und Schönheit des Stadtbildes ist es, die der hessischen Hauptstadt eine Sonderstellung unter den Städten gleichen Alters und ähnlicher Vergangenheit anweist." Besonders drei Fachwerkhäuser mit Erkern an der Nordostseite des Altmarktes waren ein beliebtes Motiv bei Malern, Zeichnern und Fotografen.

Bomben auf Kassel

Das idyllische Motiv der drei Erkerhäuser am Altmarkt musste 1933 in Kulissenform für ein geplantes Spektakel herhalten. Am 16. Juli fand auf dem Waldauer Flugplatz zum wiederholten Male ein so genannter Großflugtag statt. Das Motto lautete in diesem Jahr: „Bomben auf Kassel". Am Rande des Flugfeldes waren die Vorderfronten der Altmarkthäuser aus Holz und Papier aufgebaut worden. Diese sollten als Abschluss und Höhepunkt des Flugtages „unter Bomben verenden", wie eine Tageszeitung schrieb. Doch durch starken Regen und Wind wurde das Gebilde schon vorher zerfetzt. Diese zur Unterhaltung der Besucher inszenierte Schau sollte zehn Jahre später grausame Wirklichkeit werden. Am 22. Oktober 1943 ging Alt-Kassel tatsächlich im Bombenhagel unter.

Klosterbrüder

Zweifellos gehörte die Brüderstraße zu den Gassen mit besonders schönen und stattlichen Bürgerhäusern. Bei dieser Aufnahme aus der zweiten Hälfte der dreißiger Jahre, die die Häuser Brüderstraße 6 bis 12 zeigt, freut man sich über das zum Teil wieder freigelegte Fachwerk. Vorbei waren die Zeiten, als es Mode war, Fachwerkhäuser großflächig zu verputzen. Eine sonntägliche Ruhe scheint in dieser sonst sehr frequentierten Gasse zu herrschen. Ganz rechts zwischen zwei Pfeilern erfolgt der Zugang zum Hauptportal der Brüderkirche. Im Mittelalter war sie Teil des Klosters der Karmeliterbrüder, doch nach Aufhebung des Klosters 1526 diente sie der evangelischen Gemeinde der Altstadt zum Gottesdienst. Zwei Häuser weiter, zwischen den Häusern Brüderstraße 8 und 10, fällt ein Lichtstrahl auf die Brüderstraße und markiert, wo ein schmales Gässchen, der untere Teil der Kettengasse, Richtung Fulda abzweigt.

Fachwerk-Schönheit Deichmannhaus

Vom Marställer Platz aus bot sich ein reizvoller Blick durch die Brüderstraße bis zum Altmarkt. In dem rechts gelegenen „Deichmannhaus", nach einem früheren Eigentümer so benannt, war die im Erdgeschoss gelegene „Kaffeestube" für ihre ungewöhnlich großen Windbeutel bekannt und beliebt. In dieser Straße, im Hause Nr. 11, kam im Jahre 1749 Gertrude Elisabeth, Tochter des Stadtmusikers Johannes Schmeling, zur Welt. Als „die Mara" machte sie Karriere als Opernsängerin und konnte sich rühmen, auch König Georg II. von England und Friedrich den Großen mit ihrem Gesang begeistert zu haben. An ihrem Geburtshaus ließen Musik- und Geschichtsfreunde im Jahre 1903 eine Gedenktafel aus Carrara-Marmor anbringen.

Marktgasse

Ein Fahrzeug der Kasseler Berufsfeuerwehr auf dem Weg zu einem Übungseinsatz in der Marktgasse im Jahre 1934. Carl Eberth war mit seiner Kamera präsent und hielt den Augenblick fest, als der Wagen, ein Benz, aus der Wildemannsgasse kommend nach rechts in die Marktgasse einbog. An der Ecke das Geschäft des Textilkaufmanns Christian Herjett, der auch in der Unteren Königsstraße ein bekanntes Bekleidungsgeschäft führte, das „Residenz-Bekleidungshaus". Das Feuerwehrauto ignorierte das in der Wildemannsgasse aufgestellte Verkehrsschild „Gesperrt für Fahrzeuge aller Art". In diesem Straßenabschnitt waren Abbrucharbeiten für den Freiheiter Durchbruch in vollem Gange.

Feuer und Flamme

Bei einem ausbrechenden Feuer bot Fachwerk den Flammen stets besonders viel Nahrung. Die Enge der Bebauung tat ein Übriges. So war es im Jahre 1521 in der nördlichen Altstadt zu einem verheerenden Brand gekommen, bei dem über 300 Häuser in Flammen aufgingen. Als Konsequenz daraus organisierte der Rat der Stadt das Lösch- und Rettungswesen über eine Feuerordnung. Zwei Türmer, die zur ständigen Besetzung des Martinsturms bestimmt waren, hatten im Brandfall mit einer Glocke akustischen Alarm oder mit Fahne bzw. Laterne optische Warnzeichen zu geben. Im Jahre 1891 organisierte man einen professionellen Feuerschutz, die Berufsfeuerwehr. Unser Bild, das in einer der engsten Gassen der Altstadt entstanden ist, vielleicht der Ziegen- oder der Entengasse, zeigt Feuerwehrleute bei einer Übung.

Bayrisches Bier in der Mittelgasse

Im Schatten des Chores der Martinskirche lag eine der zahlreichen Gaststätten und Bierlokale der Altstadt, die beliebte „Bayrische Bierhalle". Bei sommerlichen Temperaturen tranken die Durstigen gern ihren Schoppen im Innenhof. Der aus Berchtesgaden stammende Adolf Kropf hatte hier in der Mittelgasse im Jahre 1859 eine Brauerei eingerichtet und damit einen Ausschank verbunden. Wer wollte, konnte übrigens eine Kochwurst mitbringen und sie von der Wirtin heiß machen lassen. Damit es nicht zu Verwechslungen kam, wurde jede Wurst mit einem verschiedenfarbigen Bändchen versehen. Brötchen und Senf konnten bestellt werden. Der jährliche Senfverbrauch soll sich auf etwa 15 Zentner belaufen haben.

Martinskirche

Aus der Obersten Gasse erfasst man die ganze Schönheit der Türme der Martinskirche. Zwar sehen sie hochmittelalterlich aus, doch stammt der obere Teil aus dem Ende des 19. Jahrhunderts. Von der Mitte des 14. bis weit in das 16. Jahrhundert hatten mehrere Generationen mit Unterbrechungen an dem Kirchenbau gearbeitet. Fertig wurde er nicht. Auf dem unvollendeten Kirchturm errichtete man schließlich ein Holzgerüst und brachte darin eine Glocke an, die gewissermaßen über dem Turm hing. Diese besondere Hängung war Teil eines alten Handwerkerspruchs von den drei Wahrzeichen der Stadt Kassel. Als weiteres Wahrzeichen galt die Zahl der Glockenschläge: Die Summe ihrer vollen Stundenschläge ergab von 4 Uhr morgens bis 7 Uhr abends genau die Zahl 100. Und das dritte Wahrzeichen: In Kassel fließt das Wasser über die Fuldabrücke, das heißt, das aus dem Eichwald hergeleitete Wasser für die Stadt wurde in einer Leitung über die Brücke in die Stadt geführt.

Gottesdienst zu St. Martin

Morgenlicht flutet in den gotischen Chor des 14. Jahrhunderts. Dieser wird von einem monumentalen Bauwerk aus Marmor und Alabaster beherrscht, dem Grabmal des Landgrafen Philipp von Hessen und seiner Ehefrau, Landgräfin Christine. Deren Sohn, Landgraf Wilhelm IV., hatte es errichten lassen. Philipp wandte sich als einer der ersten deutschen Fürsten der Lehre Luthers zu und führte sie 1526 offiziell in Kassel ein. Zwei Jahrzehnte lang zählte er zu den führenden weltlichen Vertretern der Reformation in Deutschland. Er war der erste Landgraf, der im Chor dieser Kirche begraben wurde, während bis dahin die hessischen Fürsten in der Elisabethkirche in Marburg bestattet worden waren.

Warum wohl der Bildjournalist Eberth die Empore erklomm, um diese Aufnahme zu machen? Zweifellos muss es sich um einen besonderen Gottesdienst gehandelt haben. Im Mittelpunkt des Geschehens stehen offenbar die Mädchen in den ersten Bankreihen, die sich durch weiße Bluse und schwarzes Halstuch als uniformierte Angehörige des nationalsozialistischen Bundes Deutscher Mädel erkennen lassen.

Kirchturmblick

Vom nördlichen Turm der Martinskirche geht der Blick vorbei am Umlauf des südlichen Turms. Auf der Brüstung kauert ein hessischer Löwe, der ein Teilwappen aus dem Großen Wappen des Kurfürstentums Hessen in den Klauen hält. Auch die sieben weiteren (hier nicht sichtbaren) Eckpositionen sind mit wappenhaltenden Löwen geschmückt. Diese symbolisieren die Territorien des evangelischen Kurhessen, deren oberster Kirchenherr der Kurfürst und deren Hauptkirche die Martinskirche war.

Im Häusermeer in der Tiefe fällt der Blick auf das am Martinsplatz gelegene, stattliche Renaissance-Fachwerkhaus Mittelgasse 50, Ecke Marktgasse. Weiter entfernt findet der Blick Halt an Kirchendach und Dachreiter der Brüderkirche. Jenseits der Fulda, nahe Bettenhausen, lassen sich im Dunst die großen Behälter des Gaswerks an der Nürnberger Straße erkennen.

Durchbruch im Altstadtkern

Es ist der 21. Oktober des Jahres 1933. Auf dem Platz vor der Martinskirche, dem Martinsplatz, haben sich so viele Menschen versammelt wie nie zuvor. Sie kümmert das hoch aufragende Denkmal Landgraf Philipps von Hessen nur insofern, als es als Klettergerüst genutzt werden kann. Alle wollen den Beginn von Abbrucharbeiten miterleben. Eine neue Straße vom Martinsplatz zum Altmarkt, ein Durchbruch durch die Stadtteile Freiheit und Altstadt soll entstehen, „Freiheiter Durchbruch" genannt. Der Arbeitsauftakt wird von den Nationalsozialisten propagandistisch genutzt, wollen sie doch Tatkraft und Entschlossenheit demonstrieren. Allzu lange waren bisher Bemühungen zur Sanierung der Altstadt kaum zu Stande gekommen, die nicht nur die ungünstigen Verkehrs-, sondern auch die schlechten Wohnverhältnisse verbessern sollten.

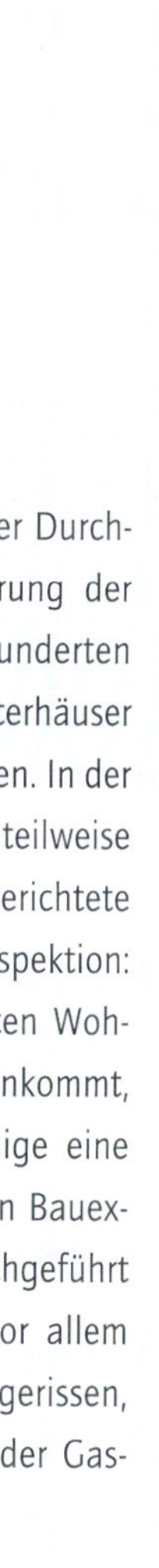

Altstadtelend

Gleichzeitig mit den Arbeiten am Freiheiter Durchbruch wurde verstärkt an der Verbesserung der Wohnverhältnisse gearbeitet. In Jahrhunderten waren die Altstadthäuser aufgestockt, Hinterhäuser errichtet und auch diese aufgestockt worden. In der Altstadt wohnten etwa 20 000 Menschen, teilweise unter schlechtesten Bedingungen. 1922 berichtete ein Beamter der städtischen Wohnungsinspektion: „Wie das namenlose Elend in den feuchten Wohnungen, in die nie ein Sonnenstrahl hineinkommt, sich breit macht, davon haben nur wenige eine Ahnung." Unser Foto zeigt eine Runde von Bauexperten während einer Besichtigung. Durchgeführt wurden Blockentkernungen, das heißt, vor allem Hinterhäuser und Schuppen wurden abgerissen, während die wertvollere Randbebauung der Gassen saniert wurde.

Freie Bahn der Straßenbahn

Nach zweieinhalbjähriger Bauzeit wurde die neue Straße, der Freiheiter Durchbruch, im Frühsommer des Jahres 1936 mit propagandistischem Aufwand eingeweiht. Nicht zuletzt den Aspekt der Arbeitsbeschaffung stellten die Kasseler Nationalsozialisten dabei groß heraus. An Stelle von Hinterhöfen war eine breite Straßenverbindung zwischen Martinsplatz und Altmarkt entstanden, mit zahlreichen Neubauten; hier im Bild - noch nicht ganz fertig - die girlandengeschmückte, illuminierte Seitenfront vom neuen Haus Wildemannsgasse 14 (rechts) und links davon das Haus Freiheiter Durchbruch 12 (Haus Hundertmark). Die parallel zum Freiheiter Durchbruch verlaufende Marktgasse, die alte Hauptgeschäftsstraße der Altstadt, wurde in ihrem unteren Abschnitt für den Autoverkehr gesperrt und zur ersten Fußgängerzone Kassels umgestaltet.

Grimm-Wohnung in der Altstadt

Blick in den unteren Teil der Marktgasse vor der Umgestaltung zur Fußgängerzone: Von links schiebt sich – in der Flucht der Wildemannsgasse – das Grimm-Haus ins Bild. Dessen Ecke ist durch einen Achtung gebietenden Prellstein vor Beschädigungen durch Fuhrwerke geschützt. Im zweiten Stock dieses Haus wohnten von 1805 bis 1814 die Brüder Jacob und Wilhelm Grimm und sammelten Kinder- und Hausmärchen, für heimatbewusste Kasseler ein Grund, im Jahre 1885 eine Gedenktafel aus dunklem schwedischem Granit anbringen zu lassen. Im oberen Teil der Tafel befand sich, von einer Inschrift umrahmt, das in weißem Marmor ausgeführte Reliefmedaillon der Märchenfrau von Niederzwehren, Dorothea Viehmann, die den Brüdern so schöne Märchen zu erzählen wusste.

Die Synagoge

Am Morgen des 8. November 1938 eilte Carl Eberth zur Synagoge in der Unteren Königsstraße. Hier stand der im Jahre 1839 fertig gestellte Synagogenbau der Jüdischen Gemeinde, das Zentrum des jüdischen Kultus. Unter dem antisemitischen Druck hatten viele Gemeindemitglieder längst ihre Heimat verlassen, als am Abend des 7. November 1938 fanatische Nationalsozialisten in die Synagoge einbrachen, ihr Inneres zerstörten und Kultgegenstände in Brand steckten. Die Feuerwehr versuchte, Schlimmeres zu verhüten, auch eine Gefährdung der anliegenden Gebäude auszuschließen. Am 10. November 1938 wurden 258 Gemeindemitglieder aus ihren Wohnungen geholt und in das KZ Buchenwald deportiert. Der Hass auf alles Jüdische führte dazu, dass die Synagoge bald darauf abgebrochen wurde.

Kettengasse

Vom Marstall aus querte sie die Brüderstraße und verlief abwärts zur Schlagd, die Kettengasse, die an der schmalsten Stelle zwei Meter breit war, eine der engsten Gassen im alten Kassel. Wer würde diese dunkle Gasse kennen, wenn Fotografen nicht immer wieder hier ein idyllisches Motiv zu sehen glaubten? Häufig findet sich das Motiv Kettengasse in Veröffentlichungen vergangener Jahrzehnte, auch als Ansichtskarte wurde es immer wieder angeboten. Die damals dort lebenden Menschen werden kaum einen Blick für die Idylle gehabt haben. Schauen wir in ein altes Adressbuch, zum Beispiel in den Jahrgang 1920, so finden wir im Hause Nr. 5 auf engstem Raum im Vorderhaus mehrere Bewohner und im Hinterhaus mit seinen vier Stockwerken sieben Familien bzw. Alleinstehende. Heizer, Schuhmacher und Schreiner sind ihre Berufe, bei mehreren lautet die Berufsbezeichnung schlicht: Arbeiter.

Großer Sanierungsaufwand

Blick durch die nach Norden verlaufende Mittelgasse. Vorn rechts zweigt der Freiheiter Durchbruch ab, die neue breite Verbindungsstraße zwischen Martinsplatz und Altmarkt. Eines der besonders stattlichen Fachwerkhäuser war noch nicht fertig geworden, das jahrhundertealte Haus Mittelgasse 50. Durch den Abbruch des Nachbarhauses Mittelgasse 48 war eine weitere Außenseite offen sichtbar, die von Grund auf saniert werden musste. Und das sollte über ein Jahr dauern. „Die Gerüste sind gefallen", berichtete die Tageszeitung Kasseler Post Ende Mai 1940 über eines der schönsten und wertvollsten Bürgerhäuser der Stadt. Und das alteingesessene Schirmgeschäft C. Fischer konnte wieder seine Geschäftsräume beziehen.

Ganz unten: Fliegengasse

Durch seine Lage am Fluss war die städtische Ansiedlung seit jeher von Hochwasser bedroht. Insbesondere die östlich der Fulda in der Flussniederung gelegene Unterneustadt, aber auch die kaum über Flussniveau liegenden Bereiche der Altstadt links der Fulda waren stark überschwemmungsgefährdet. So traf es auch wiederholt die Gegend am Karlshospital, wie es unser Bild aus dem Jahre 1939 belegt. Verwitterte Natursteinmauern prägen den Gebäudekomplex, der, lange Zeit Zuchthaus, seit 1928 eine Wohlfahrtseinrichtung für Obdachlose und andere Hilfsbedürftige war. Gut erkennbar ist die leicht erhöhte Lage, die zu der Straßenbezeichnung „Am Zuchtberg" geführt hatte, später aber in „Am Karlshospital" geändert wurde. Weniger günstig lag das Viertel um die Fliegengasse, von dem wir hier das Haus Nr. 2 sehen. Dort war die Firma „Julius Flöther Möbeltransporte" ansässig. Es scheint, als ob gerade ein Pferdefuhrwerk zu einem Hilfseinsatz durch den unter Wasser stehenden Stadtteil aufbrechen will.

Brunnenromantik am Altmarkt

Der festlich geschmückte Brunnen auf dem Altmarkt, entstanden anlässlich der Tausendjahrfeier 1913, existierte nur kurze Zeit. Er bietet ein Beispiel für die Sehnsucht nach dem schönen romantischen Alt-Kassel, ein Empfinden, das bereits Jahrzehnte vor der Zerstörung der alten Innenstadt in den Köpfen existierte. Erschien doch bereits im Jahre 1909 eine Publikation zur Stadtgeschichte mit dem Titel „Alt-Kassel". In gebildeten Kreisen war man schon längere Zeit der Überzeugung, dass Kassel mit K und nicht mit C zu schreiben sei. Auch Carl Eberth verwendete 1913 einen Prägestempel mit der Ortsangabe „Kassel" statt der noch amtlichen Schreibweise Cassel. Erst 1926 konnte sich die Stadtverordnetenversammlung zu einer Änderung entschließen.

Die Stadt am Fluss

Fuldawasser für die Bettwäsche

Eine Stadt am Fluss war Kassel ja schon seit mehr als tausend Jahren. Um dies in einer Gesamtansicht der Stadt deutlich zu machen, suchten Maler und Fotografen gern die Gegend der Hafenbrücke und des Wehres auf. Von hier aus bot sich eine übersichtliche Silhouette, in der die neugotischen Türme der Martinskirche deutliche Akzente setzten. Noch in den dreißiger Jahren scheint das Fuldawasser eine Qualität gehabt zu haben, die sich zum Wäschewaschen eignete. Wer nicht privat über einen Rasenplatz verfügte, der leistete sich wenigstens einmal im Jahr, seine vergilbte Wäsche durch die Sonne bleichen zu lassen. Hier unten auf den Fuldawiesen kümmerten sich professionelle Bleicher um die Wäsche. Deren Tätigkeit lässt sich bis in das 17. Jahrhundert zurück belegen.

Fuldabrücke

Wichtigste und lange Zeit einzige Verbindung von der Altstadt zur Unterneustadt, und weiter nach Osten, war die Fuldabrücke. Unser Blick vom Rondell – im Sommer 1935 beim Zissel entstanden – zeigt die Eleganz des 1909 geschaffenen, einbogigen Brückenbauwerks, das den unzulänglich gewordenen mehrbogigen Vorgängerbau ersetzte. Direkt dahinter erhebt sich ein längliches Gebäude, das Kastell. Die wehrhafte Anlage hatte unter anderem als Lazarett, Fabrik, Artilleriekaserne und Staatsgefängnis gedient. Hier war der Demokrat Dr. Gottlieb Kellner inhaftiert worden, weil er seit 1848 eine der Obrigkeit verhasste satirische Zeitung namens „Die Hornisse" in Kassel herausgebracht hatte. „Filmreif" gestaltete sich seine Flucht aus dem Kastell. Kellner konnte sich mit Hilfe von Freunden an der Fuldaseite abseilen, wurde von einem dort wartenden Boot aufgenommen und floh nach Amerika.

Fuldaschifffahrt

Bis zum Ende des 19. Jahrhunderts besaß Kassel kein Hafenbecken mit Kran. Selbstverständlich gab es Schiffsverkehr; schon seit dem Mittelalter fuhren Salz transportierende Schiffe fuldaaufwärts in die Landeshauptstadt Kassel. Anfang des 17. Jahrhunderts wurde die obere Fulda bis Hersfeld schiffbar gemacht. Lastkähne, aber auch Personenschiffe, legten an der befestigten Ufermauer zwischen Rondell und Karlshospital an. Bis heute heißt dieser ehemalige Umschlagplatz „Die Schlagd". Am ersten Juni-Wochenende des Jahres 1939 kreuzte hier eine Flotte von Passagier- und Kriegsschiffen auf. Allerdings waren es Modelle, die anlässlich des „1. Großdeutschen Reichskriegertags" vorgeführt wurden und beim Publikum, insbesondere bei Jugendlichen, auf reges Interesse stießen.

Fuldaflussbad

Mitte Mai des Jahres 1923 war es so weit. Kassels Oberbürgermeister Philipp Scheidemann weihte das „Städtische Flußbad in der Fulda" ein. Bei Eintrittspreisen von wenigen Pfennigen konnten sich die Besucher je nach Voraussetzungen und Wunsch in die Bereiche Schülerbad, Herrenbad, Familienbad, Damenbad oder Schülerinnenbad stürzen. Selbstverständlich standen auch Auskleidehallen und Einzelzellen sowie die Kleiderverwahrung zur Nutzung bereit. Beliebt waren die Einrichtungen zum Erlernen des Schwimmens, die Lehrschwimmbecken, die im Volksmund „Gänsestürze" genannt wurden. Mit den „Longen", angelähnlichen, geschwungenen Stangen, an denen die Nichtschwimmer zur Sicherheit angebunden wurden, war ein gefahrloses Üben im Wasser möglich.

Ausflugsfahrten auf der Fulda

Nicht nur am und im Fuldawasser hielten sich die Kasseler gern auf, sondern auch auf dem Fluss. Beliebt waren seit eh und je, und sind es nach wie vor, die Schifffahrten in das untere Fuldatal, entweder zu den Ausflugsgaststätten „Graue Katze" und „Roter Kater" oder weiter flußabwärts nach Hannoversch Münden. An manchen Sommer-Sonntagen war der Andrang an der Anlegestelle zwischen Drahtbrücke und Einmündung der Kleinen Fulda besonders groß. Im Hintergrund ragt die Fassade des Regierungs- und Justizgebäudes empor. Dieser schlossartige Verwaltungspalast im Stil der Renaissance, von der preußischen Landesregierung in den Jahren 1877 bis 1882 errichtet, erhob sich auf jenem historischen Platz, wo jahrhundertelang Burg und Schloss der hessischen Landesfürsten standen.

Zissel an und auf der Fulda

Vom Rondell, der alten Schlossbastion, hatte man eine prächtige Aussicht und besonders, wenn der Wasserzissel mit seinem Bootskorso auf der Fulda stattfand, gab es viel zu sehen. Der Zissel an und auf der Fulda bildete die Keimzelle dieses bis heute beliebten Sommerfests. Schon vor dem Ersten Weltkrieg feierten private Badeanstalten und Schwimm- und Rudervereine Vereinsfeste am Wasser. Am 8. August 1926 wurde der offiziell so genannte „Kasseler Zissel" unter Mitwirkung des städtischen Verkehrsamtes in professioneller Form zu neuem Leben erweckt. Zu den besonders originellen Booten gehörte beim Wasserkorso 1934 eine Nachbildung des Dampfers „Eduard". Das Original des Schaufelraddampfers war 1843 bei Henschel in Kassel in Gemeinschaft mit einer Mündener Firma gebaut worden und am 22. August zu seiner ersten großen Fahrt nach Bremen aufgebrochen.

„Fullewasser, Fullewasser, hoi, hoi, hoi“

Name, Herkunft und Alter des Zissel sind nach wie vor nicht zweifelsfrei geklärt. Eindeutig ist lediglich, dass es den Begriff nur in Kassel gibt! Wenn der Sprachlehrer und Mundartforscher August Grassow (1825-1900) das Verb „zisselen" mit „zerstreuen, verzetteln" erklärt, so mag diese Aufnahme vom Zissel 1934 mit den verstreuten Booten ein plastischer Beleg dafür sein! Rätselhaft bleibt nach wie vor, warum ein Salzwasser-Hering an einem salzlosen Binnenfluss zum Zissel-Symbol werden konnte. Das Foto entstand in der Nähe des Flussbads, der Blick geht über die Boote hinweg nach Osten, wo Schornsteine von Bettenhäuser Industriebetrieben sowie Gasbehälter des städtischen Gaswerks an der Nürnberger Straße in den Himmel ragen.

Im Süden – Weinberg, Karlsaue, Schönfeld, Niederzwehren, Dönche

Fürstengarten

In kurzer Zeit in ruhige Grünzonen zu gelangen, war schon immer ein Qualitätsmerkmal unserer Stadt. Von der Oberen Königsstraße aus brauchte man nur wenige Schritte, um zwischen dem Hessischen Landesmuseum (hier zurückgeblickt links im Bild) und der Murhardschen Bibliothek der Stadt Kassel (rechts) die grüne „Lunge" des Fürstengartens mit den zahlreichen schneeweißen Bänken zu erreichen. Der Name erinnerte an die frühere Besitzerin Gertrude Fürstin von Hanau und zu Horschowitz. Sie kam 1806 in Bonn als „Bürgerliche" zur Welt. Als der spätere Kurfürst Friedrich Wilhelm dort die Offiziersfrau Gertrude Lehmann kennen und lieben lernte, überredete er deren Ehemann zur Scheidung, nicht zuletzt mit finanziellen Mitteln. Nach aristokratischem Verständnis der Zeit blieb die 1831 geschlossene Ehe aber unstandesgemäß, trotz aller Adelstitel der Frau. Das bedeutete unter anderem, dass keines der Kinder die Nachfolge im Kurfürstentum antreten konnte. Kurfürst Friedrich Wilhelm ruht im Erbbegräbnis auf dem Friedhof an der Lutherkirche. Seine später verstorbene Frau musste auf dem Hauptfriedhof bestattet werden.

Weinberg

Weit reicht der Blick vom Weinberg nach Südwesten, ins Auefeld und auf die Höhen des südlichen Habichtswaldes. Schon im frühen 19. Jahrhundert hat der hessische Dichter Ernst Koch in seinem Werk „Prinz Rosa-Stramin" diesem Aussichtsbalkon ein romantisch-schwärmerisches Denkmal gesetzt. Ein zusätzlicher Genuss war für viele Besucher das in den Tiefen des Weinbergs gekühlte Bier, das oben in Gartenlokalen ausgeschenkt wurde. Einer der Ersten, der sich auf dem Weinberg dauerhaft niederließ, war der Kasseler Dekorationsmaler Reinhard Hochapfel. 1866 erbaute er ein zierliches Sommerhaus im Schweizer Stil, mit Balkonen und hölzernem Zierrat, gekonnt in die Hangkante eingepasst. Erst viele Jahre nach dem Zweiten Weltkrieg wurde dieser romantische „Luginsland" für eine neue Bebauung abgebrochen.

Weinbergstraße

Auch die Kasseler Industriellenfamilie Henschel ließ sich in der zweiten Hälfte des 19. Jahrhunderts in allerbester Lage auf dem Weinberg nieder. Innerhalb weniger Jahrzehnte entstanden prächtige Wohnsitze, von denen einer allerdings im Jahre 1932 schon wieder abgebrochen wurde, das 1903/04 im italienischen Renaissancestil errichtete „Haus Henschel". Als Grund für den Abbruch gab die Familie die neu eingeführte, übermäßig hohe Hauszinssteuer an. Auch sei es unmöglich, einen Käufer für dieses besondere Haus zu finden, argumentierte man. So wurde wenige Wochen nach Bekanntwerden der Abbruchpläne die Villa ausgeräumt, anschließend begann die Demontage. „Verkauf von 1 a Material für Neu- und Umbauten" bot die Abbruchfirma aus Essen an. Und so finden sich heute noch wertvolle Teile dieses Gebäudes, etwa Holzvertäfelung oder Parkett, in dieser oder jener nordhessischen Privatwohnung.

Bleichen für die fürstliche Wäsche

Am Fuß des Weinbergs waren Ende des 19. Jahrhunderts auf Initiative des Unternehmers Sigmund Aschrott Tennisplätze entstanden, gedacht vor allem für Engländer, die sich in Kassel angesiedelt hatten und diese aus England stammende Sportart ausüben wollten. Später nutzte der „Kasseler Tennisklub Rot-Weiß e.V." die Anlage. Die Kulisse, die sich beim Tennisspielen bot, war durchaus fürstlich, blickte man doch auf das „Lusthaus" des Prinzen Maximilian, einem Sohn des Herkules-Erbauers Landgraf Karl. Maximilian hielt sich gern in dem Sommerschlösschen auf, überwiegend nutzte er aber sein Stadtpalais in der Oberen Königsstraße. Im Jahre 1825 zog die kurfürstliche Hofwäscherei in das Gebäude ein, der Garten wurde zum Bleichen der Wäsche des fürstlichen Hofes genutzt. Auch als die Wäscherei längst nicht mehr existierte, hielt sich die Bezeichnung Hofbleiche. Im Zweiten Weltkrieg durch Bomben schwer getroffen, erfolgte zur Bundesgartenschau 1955 der Abriss des Palais.

Hessenkampfbahn

Am 30. Mai 1937 kam es auf der Hessenkampfbahn zu einem Großfeld-Handball-Länderspiel zwischen Deutschland und Ungarn. Tausende Zuschauer verfolgten das Spiel, das Deutschland mit 20:5 gewann. Noch belebter war es wohl nur bei der Einweihung der Hessenkampfbahn am 2. Mai 1926, als vor prall gefüllten Zuschauerrängen tausende aktive Sportvereinsmitglieder in das Stadion einzogen. Die Notwendigkeit einer großen modernen Sportanlage für Rasensportarten und Leichtathletik war schon kurz nach dem Ersten Weltkrieg deutlich geworden, die Realisierung jedoch dauerte seine Zeit. Das Stadion entstand auf der großen Freifläche nördlich der Orangerie, die Voraue hieß. Auf diesem Areal hatten früher Großausstellungen stattgefunden, zum Beispiel die Industrieausstellung 1870 oder die Gewerbeausstellung 1905. Auf unserem Foto ist hinter dem deutschen Torwart das Regierungs- und Justizgebäude zu erkennen.

Landgraf Karls Aue

Im Gegensatz zu anderen deutschen Landesfürsten behielt Landgraf Karl (1654-1730), dem barocke Prachtentfaltung stets ein Hauptanliegen war, sein altes Renaissanceschloss in der Altstadt als Wohn- und Regierungssitz bei. Für seine Repräsentationsbedürfnisse schuf er sich in der Fuldaniederung eine ausgedehnte Parkanlage, die nach ihm den Namen Karlsaue erhielt. Während die Parkgebäude, wie die Orangerie, weitgehend unverändert blieben, wandelte sich der Park im Laufe der Zeit. Die barocken Gartenstrukturen vor der Orangerie verschwanden im 19. Jahrhundert, es entstand eine weite Rasenfläche, entsprechend den Einflüssen aus England Bowlinggreen genannt. Dieses Areal wurde bis zum Zweiten Weltkrieg gern für militärische Aufmärsche genutzt. Im Hintergrund dieser Fotografie, aufgenommen vom Hirschgraben aus, erkennen wir das schlossartig wirkende Preußische Staatstheater am Friedrichsplatz.

Fußball-Anhänger

Aufmerksam verfolgen Zuschauer ein Fußballspiel auf dem Kurhessenplatz an der General-Scheffer-Straße, die nach dem Zweiten Weltkrieg in Damaschkestraße umbenannt wurde. Im Hintergrund erhebt sich eine Zeile meist viergeschossiger Wohnhäuser an der Frankfurter Straße, links davon, hinter dem Kinderkrankenhaus und Kinderheim, Bäume im Park Schönfeld. Fußball wurde schon Ende des 19. Jahrhunderts in Kassel gespielt. Nach dem Ersten Weltkrieg formierte sich der Sportverein Kurhessen (SV KH), der viele Jahre der erfolgreichste Fußballverein in Kassel war, nicht zuletzt durch Heini Weber, der zwölfmal (von 1928 bis 1931) für die deutsche Nationalmannschaft spielte.

Ein Fußball aus dem Jahre 1934. Ob das Leder wohl imprägniert war? Sonst sog sich der Ball mit Wasser voll und wurde schwer ...

Jägerkaserne

Mit besonderen musikalischen Ehren wurde im Jahre 1932 im Hof der Jägerkaserne der Chef der Heeresleitung der deutschen Reichswehr General Kurt von Hammerstein empfangen. Er sollte später nicht nur im Zusammenhang mit dem militärischen Widerstand gegen Hitler bekannt werden. Bis heute zitiert, formulierte er einmal Gesichtspunkte, nach denen er seine Offiziere beurteilte: „Ich unterscheide vier Arten. Es gibt kluge, fleißige, dumme und faule Offiziere. Meist treffen zwei Eigenschaften zusammen. Die einen sind klug und fleißig, sie müssen in den Generalstab. Die Nächsten sind dumm und faul; sie machen in jeder Armee neunzig Prozent aus und sind für Routineaufgaben geeignet. Wer klug ist und gleichzeitig faul, qualifiziert sich für die höchsten Führungsaufgaben, denn er bringt die geistige Klarheit und die Nervenstärke für schwere Entscheidungen mit. Hüten muss man sich vor dem, der dumm und fleißig ist; dem darf man keine Verantwortung übertragen, denn er wird immer nur Unheil anrichten."

Am Grunnelbach

Eine herausragende Eigenschaft Carl Eberths war es, schnell vor Ort zu sein und besondere Ereignisse in Fotografien zu dokumentieren. Aber auch dörfliche und ländliche Idyllen nahm er immer wieder auf. Die stille und friedliche Szene am Grunnelbach ist Mitte der dreißiger Jahre entstanden, als Niederzwehren nach Kassel eingemeindet wurde (1936). Vermutlich wollte Eberth mit einem Motiv dieser Art den dörflichen Charakter Niederzwehrens veranschaulichen. In der Gemeinde Niederzwehren, in der im Oktober 1935 mehr als 7300 Personen lebten, war man zum größten Teil gegen eine Eingemeindung. Doch trotz Widerspruchs wurde die Eingemeindung durch Verfügung des Oberpräsidenten der Provinz Hessen-Nassau durchgeführt.

Vorratsspeicherung

Alles andere als eine Idylle war ein Gebäudekomplex zur militärischen Nutzung, der Ende der dreißiger Jahre zwischen den Gleisen der Naumburger Kleinbahn, der Langemarckstraße (heute Leuschnerstraße) und dem Glöcknerpfad errichtet worden war: Eine Großbäckerei und ein Verpflegungsmagazin, kurz Magazinhof genannt, Teil einer Großplanung der deutschen Wehrmacht. Denn in der Nähe des Truppenübungsplatzes Dönche sollten Kasernen, ein großes Garnisonlazarett, ein Offiziersheim, eine Militär-Arrestanstalt und andere militärische Zweckbauten errichtet werden. Den „maßgeblichen militärischen Stellen" schwebte vor, die gesamte Garnison Kassel in den Raum Niederzwehren und Oberzwehren zu verlegen und damit Kassel zu einem „Hauptwaffenplatz des Westens" zu machen. Die hohe Giebelwand eines der Speichergebäude erhielt eine künstlerische Gestaltung durch den Stuttgarter Akademieprofessor Rudolf Ehehalt. Das 1940 geschaffene Großbild in Sgrafitto-Technik, ein Zyklus von der Aussaat bis zur Ernte, ist ein Beispiel für die bereits in den dreißiger Jahren praktizierte Kunst-am-Bau-Richtlinie, nach der ein Teilbetrag der Bausumme für künstlerische Gestaltung auszugeben war.

Dönche

Gern werden am Hubertustag Reitjagden durchgeführt. Am 3. November 1935 veranstaltete das Kasseler Infanterieregiment 15 eine Hubertusjagd auf der Dönche. Auch Carl Eberth war dabei, was für ihn als Jäger besonders interessant war. Aus der Vielzahl der Aufnahmen wird hier ein Schnappschuss gezeigt, einige galoppierende Reiter im Gelände, unweit der Heinrich-Schütz-Allee, die damals noch Fürstenallee hieß. Frei steht das Wirtshaus „Schöne Aussicht" auf der Höhe und bietet eine Rundsicht in alle Himmelsrichtungen. Die Dönche, ursprünglich für Wald- und Weidewirtschaft, zeitweise auch als Ackerland genutzt, wurde 1936 Truppenübungsplatz. Seit 1975 ist die Dönche Landschaftsschutzgebiet, das größte innerstädtische Naturschutzgebiet in Hessen.

Schloss Schönfeld

Ursprünglich ein ländlicher Adelssitz, begann die gastronomische Nutzung des Schlösschens Schönfeld im Jahre 1896, als ein Gothaer Unternehmer den Komplex pachtete, im Schlösschen einen Restaurationsbetrieb und als besondere Attraktion im Park einen zoologischen Garten einrichtete. Im Jahre 1906 gingen Schlösschen und Park aus landgräflich-hessischem Besitz in das Eigentum der Stadt Kassel über. Nach verschiedenen Pächtern übernahm 1934 Georg Degenhardt die idyllisch gelegene Lokalität und führte sie mit seiner Familie viele Jahre. Seinen Namen hatten Schlösschen und Park im 18. Jahrhundert durch den Erbauer Nikolaus Heinrich von Schönfeld erhalten, der als General zum engeren Kreis um Landgraf Friedrich II. gehörte. Trotz finanzieller Unterstützung verschuldete sich Schönfeld beim Bau so schwer, dass er das Anwesen 1790 aufgeben musste. Eine bedeutende Zeit erlebte das Schlösschen durch Kurfürstin Auguste von Hessen, die das Anwesen von ihrem Gemahl Kurfürst Wilhelm II. 1821 als Geschenk erhalten hatte.

Rechts der Fulda – Unterneustadt, Bettenhausen, Waldau

Unterneustädter Kirche

Die alte Unterneustädter Kirche wurde im Zweiten Weltkrieg zerstört. Würde sie heute noch auf dem gleichnamigen ovalen Kirchplatz stehen, hätten die Verkehrsplaner der unmittelbaren Nachkriegszeit ein Problem gehabt. Doch die ausgebrannte Ruine wurde beseitigt und der Verkehr schnurstracks vom Holzmarkt in die Leipziger Straße geführt. Auf dieser Aufnahme aus den dreißiger Jahren ist rechts ein Teil der noch existierenden Unterneustädter Schule sichtbar. Vor der Kirche hatte sich einmal ein Junge Zigarette rauchend herumgetrieben. Unter dem Pseudonym Henner Piffendeckel ließ er in seinen 1910 veröffentlichten Mundarterzählungen die Geschichte vom Quetschenfrieder mit dem Satz beginnen: „Mä saßen vor der Unnerneistädter Kirchendhäre un bafften Zigaredden". Aus diesem Lausejungen ist noch etwas geworden, er war von 1920 bis 1925 Oberbürgermeister der Stadt Kassel: Philipp Scheidemann.

Hochwasser am Holzmarkt

Seit jeher hatten die Unterneustädter unter Überschwemmungen zu leiden. Das älteste bekannte Fulda-Hochwasser datiert vom Juli 1342, als das Wasser den Hochaltar der Magdalenenkirche auf dem Holzmarkt überspülte. Bei der größten Flutkatastrophe in Kassels Geschichte im Januar 1643 entstanden erhebliche Schäden. Und auch im Februar 1909 trat die Fulda wieder einmal über die Ufer, verursacht durch starken Regen, Tauwetter und Eisgang. Doch wussten sich die Unterneustädter zu helfen, nicht zuletzt mit Hilfe der Wasserwehr. Stege wurden gebaut, notfalls mit Stühlen; auf Leiterwagen wurden Personen durch das Wasser befördert und pfiffige Unterneustädter holten ihr Paddelboot heraus, um trocken voranzukommen. Unser Foto ist auf dem Holzmarkt entstanden, es zeigt das Haus Waisenhausstraße 22, Ecke Leipziger Straße, in dem die Familie Söllner eine Weiß- und Wollwarenhandlung führte.

Frühjahrs- und Herbstmesse

Carl Eberth - zweifellos wird es in diesem Fall der Jüngere gewesen sein - bemühte sich als Fotograf auch um Perspektiven, die nur mit einiger Mühe zu erlangen waren. So kletterte er in einem Rohbau an der Kleiststraße hoch hinauf, um eine Überblicksaufnahme von der Messe auf der Leisterschen Wiese zu machen. Das Bild wird geteilt von der Leipziger Straße. Im vorderen Teil, südlich der Straße, waren Kleingärten angelegt; auf der nördlichen Straßenseite lag die Leistersche Wiese, die sich zwischen Tapsgasse und Sommerweg erstreckte. Seit Beginn der zwanziger Jahre fanden hier Frühjahrs- und Herbstmessen statt. In dem hellen hölzernen Eingangsgebäude (rechts im Bild) waren vier Kassen, an denen 10 Pfennig Eintritt zu zahlen waren. Am Abend wurde das Eingangsgebäude effektvoll beleuchtet.

Ein Weltmeister in Waldau

Am 1. Juni 1934 berichteten die örtlichen Tageszeitungen ausführlich davon: Der Kasseler Gerhard Fieseler hatte am Tag zuvor auf dem Pariser Flugplatz Vincennes die Weltmeisterschaft im Kunstflug errungen! Seine 35 Kunstflug-Figuren mit der Maschine „Tiger 2" hatten die Zuschauer zu Beifallsstürmen hingerissen. Fieseler siegte mit 645 Punkten vor seinem schärfsten Konkurrenten, dem französischen Meister Michel Detroyat, der es auf 622 Punkte brachte. Für den Tag nach seinem Sieg war die Rückkehr nach Kassel angekündigt. Doch sollte es bis zum Abend dauern, bis Fieselers „Tiger" über dem Habichtswald auftauchte und wenig später auf dem Waldauer Flugplatz landete. Die Zuschauer waren begeistert, durchbrachen die Absperrungen und stürmten der Maschine entgegen. Fieseler schaffte es gerade noch, die Maschine zu stoppen und den Motor abzustellen.

Ein Luftriese in Waldau

Die Flugbegeisterung schloss auch Luftschiffe ein, obwohl sich deren ziviler und militärischer Nutzen in engen Grenzen hielt. Ein Höhepunkt für das Kasseler Publikum war der 30. Juli 1939, als gegen 18 Uhr auf dem Waldauer Flugplatz ein Luftschiff gewaltigen Ausmaßes, das 245 Meter lange und 41 Meter hohe gasgefüllte Luftschiff LZ 130 „Graf Zeppelin", zur Landung ansetzte. Haltetaue wurden abgeworfen, um den Luftriesen am Boden zu halten. Flugkapitän Wittemann entstieg der scheinbar winzigen Führergondel und wurde von einem Vertreter der Stadt begrüßt. Der Kapitän hob hervor, dass er bereits 1912 und 1930 als Besatzungsmitglied von Luftschiffen in Kassel gewesen sei! Leider blieb der silbergraue Zeppelin nicht allzu lange, noch am gleichen Abend wurde er in Frankfurt zurückerwartet. Auf besonderen Wunsch flog LZ 130 aber eine Schleife über den Park Schönfeld, wo die Henschelaner gerade ihr Sommerfest feierten.

Westwärts – Vom Hauptbahnhof über den Vorderen Westen nach Harleshausen

Am Anfang der Allee

Nach der Machtergreifung dauerte es nur kurze Zeit, da wurde er in Adolf-Hitler-Platz umbenannt, doch sprach man gewöhnlich vom Wilhelmshöher Platz. Als offizielle Adresse war allerdings bis 1945 Adolf-Hitler-Platz 5 zu schreiben, wenn man zum Beispiel einen Brief an das Hessische Landesmuseum oder die Staatlichen Kunstsammlungen adressierte. Auch das benachbarte Torwachhaus (Nr. 6), südlich der Wilhelmshöher Allee gelegen, auf dem Foto schemenhaft hinter Bäumen zu erkennen, gehörte dem Preußischen Staat und beherbergte die ansehnliche Patentschriftensammlung der Kasseler Gewerbehalle sowie das Kupferstichkabinett und die Kunstbücherei der Staatlichen Kunstsammlungen. Im nördlichen Wachgebäude, rechts hinter Bäumen versteckt, lebten von 1814 bis 1822 die Brüder Grimm. Links erhebt sich das Brunnen-Denkmal zur Erinnerung an die Gründung des deutschen Kaiserreichs 1870/71, das im Frühjahr 1965 in den Murhardpark versetzt wurde, um einem geplanten, aber nicht ausgeführten Brüder-Grimm-Brunnen Platz zu machen.

Westachse Hohenzollernstraße

An einem sonnigen Frühlingstag erfasst die Kamera – vom Ständeplatz aus – die ersten Häuser der nach Westen abzweigenden Hohenzollernstraße (heute Friedrich-Ebert-Straße). Links sieht man das Eckhaus Nr. 1, in dessen Schaufenstern die „Deutsche Buchhandlung" Lesestoff präsentiert. Daneben arbeitet eine „Aufbügelanstalt" namens „Aba". In der Häuserfront rechterhand finden wir zahlreiche bekannte und geschätzte Geschäfts- und Handwerksbetriebe, zum Beispiel das „Licht- und Wasserinstallationshaus von August Truß" (Nr. 2), das Tapetenhaus Baur & Horn (Nr. 4), die Germania-Apotheke (Nr. 6), die Eiskonditorei Belfi und eine Filiale des Lebensmittelkaufhauses Rheika AG (Nr. 10). Den Ständeplatz quert gerade ein „Adler Triumph Junior", ein Kleinwagen, der zwischen 1934 und 1940 ein Verkaufsschlager des Frankfurter Automobilherstellers Adler war.

Ständeplatz

Wochenmarkt fand auch auf dem Ständeplatz statt, wenn auch nur als Nebenwochenmarkt am Montag, Mittwoch und Freitag. Hauptwochenmarkt war stets am Dienstag, Donnerstag und Sonnabend und wurde auf dem Königsplatz und in der Unteren Karlsstraße sowie auf mehreren Plätzen der Altstadt abgehalten. Der Weihnachtsmarkt fand ebenfalls zweitweise auf dem Ständeplatz statt, wenn auch lediglich zwei Jahrzehnte lang. Im Jahre 1929 verlegte man ihn, zusammen mit anderen Verkaufsmessen, auf den Friedrichsplatz. Nach dem Zweiten Weltkrieg wurde der Ständeplatz für den Fleischmarkt genutzt. Von dort zog er 1954 auf den Entenanger, um dann in den sechziger Jahren in der Markthalle im Marstallgebäude einen dauerhaften Platz zu finden.

Vierflüssebrunnen

In der ersten Hälfte des 19. Jahrhunderts war eine breite Prachtstraße entstanden – in der Mitte Fußgängerpromenade und an den Seiten Fahrbahnen – die Friedrich-Wilhelms-Straße, später Ständeplatz genannt. An dessen Nordost-Ende, dem heutigen Scheidemannplatz, wurde ein Brunnenbauwerk platziert, das ein auswärts lebender, vermögender Kasselaner der Stadt im Jahre 1881 gestiftet hatte. In Muschelnischen standen vier Frauenfiguren, die die kurhessischen Hauptflüsse Fulda, Werra, Lahn und Eder symbolisierten. Aus Löwenköpfen plätscherte Wasser in die von Delphinen getragenen halbrunden Schalen. Immerhin hatte der Vierflüssebrunnen den Zweiten Weltkrieg unbeschadet überstanden, musste aber 1952 dem autobahnähnlichen Ausbau des Innenring-Teilstücks Ständeplatz – Rudolf-Schwander-Straße weichen. Erfreulicherweise wurden die Brunnenteile sichergestellt und von der Stadt eine Aufstellung bei passender Gelegenheit versprochen. Wiederholt wurde aus der Bevölkerung nach dem Verbleib der Brunnenteile gefragt. Doch irgendwann waren die Steine nicht mehr auffindbar ...

Pogrom in der Großen Rosenstraße

In den Abendstunden des 7. November 1938 zogen die Nazi-Fanatiker von der Synagoge auch zum Schul- und Verwaltungsgebäude der jüdischen Gemeinde in der Großen Rosenstraße. Die Einrichtung der Schulräume wurde zerbrochen und teilweise aus dem Fenster geworfen. Am nächsten Morgen bot sich ein Bild der Verwüstung. In der Großen Rosenstraße wurde aufgeräumt, Carl Eberth hat es im Bild dokumentiert. Die antisemitischen Ausschreitungen in Kassel und Nordhessen wurden zu Vorboten eines deutschlandweiten Pogroms, der „Reichskristallnacht" am 9. November 1938. In den folgenden Wochen wurden zahlreiche Verordnungen und Vorschriften erlassen, die die noch verbliebenen Kasseler Juden aus der Wirtschaft verdrängten, in die Isolation trieben und in immer bedrohlichere Lebensbedingungen zwangen.

Vor dem Hauptbahnhof

Von der Treppe an der Viktoriastraße (heute Bürgermeister-Brunner-Straße) schweift der Blick über den Bahnhofsvorplatz, der von den mit der Eisenbahn Reisenden meistens zügig überquert wird. Häufig bleibt wenig Zeit zum Schauen nach rechts oder links. Die Ankommenden dagegen sind oft voller Erwartung, offen für erste Eindrücke. Bis vor einiger Zeit begannen deshalb die gedruckten Kassel-Reiseführer für Besucher in der Regel ihre Darstellung vor dem Hauptbahnhof. Auch prominente Reisende hat der Bahnhofsvorplatz gesehen, eine Ankunft Kaiser Wilhelms II. hat Carl Eberth senior im Jahre 1908 festgehalten. Im Hintergrund des Platzes fällt der Blick auf ein markantes Gebäude mit historistischen Formen: Das Hotel Kaiserhof, linkerhand am Beginn der Bahnhofsstraße (heute Werner-Hilpert-Straße). Im gleichen Gebäude befanden sich die Gaststätte Oberbayern und die Tiroler Weinstube, die nicht nur bei Hotelgästen, sondern auch bei den Einheimischen sehr beliebt waren, besonders bei Faschings- und Silvesterveranstaltungen.

Kopfbahnhof

Nach Entwürfen des kurfürstlichen Oberhofbaumeisters Gottlob Engelhardt wurde der Hauptbahnhof in den Jahren 1854 bis 1857 errichtet. Zuvor vergingen viele Jahre, in denen einflussreiche Bürger Kassels, unter ihnen der Fabrikant Carl Anton Henschel, dafür kämpften, den Bau von Eisenbahnlinien in Kurhessen durchzusetzen. Es bedurfte langer Verhandlungen und der Überwindung beträchtlicher Schwierigkeiten, bis die zwei sich in Kassel kreuzenden Bahnen gebaut wurden (Friedrich-Wilhelm-Nordbahn seit 1845 und Main-Weser-Bahn seit 1847). Freilich hielt der Landesherr das neue Verkehrsmittel auf Distanz. Der Kopfbahnhof musste ein ganzes Stück vor den Toren der Stadt entstehen. Bereits zu dieser Zeit erkannte man jedoch den Nachteil des Sackbahnhofs. Seitdem kam es wiederholt zu Überlegungen, einen Durchgangsbahnhof zu schaffen. Ende der dreißiger Jahre des 20. Jahrhunderts, zum Zeitpunkt unserer Aufnahme, kamen in der Regel täglich 210 Züge an, denen zur Weiterfahrt eine neue Lokomotive angekoppelt werden musste.

Bahnsteigsperre

Vom Querbahnsteig des Hauptbahnhofs aus hat Carl Eberth die zentrale Halle mit ihrem besonderen Industriearchitektur-Charme eingefangen. Personen, die nicht verreisen wollten, gelangten ohne weiteres durch die Halle bis zum Querbahnsteig. Zu den Zügen allerdings konnte man aus Sicherheits- und Kontrollgründen nur mit einer gültigen Fahrkarte oder einer Bahnsteigkarte kommen. Und für letztere war ein Pfennig-Entgelt zu zahlen. Eine Bahnsteigsperre trennte die Gleisbereiche mit Gittern ab. Durchlass war nur an den kleinen verglasten Häuschen möglich, in denen Reichsbahnbedienstete die Reisebillets oder Bahnsteigkarten kontrollierten und die Karten mit einer Lochzange entwerteten. Diese Bahnsteigsperren, die es in Kassel seit 1893 gab, wurden erst im Jahre 1970 wieder abgeschafft.

Tankstelle auf dem Bahnhofsplatz

Im Vordergrund ragen zwei Benzin-Zapfsäulen auf, die am Rande des Bahnhofsplatzes stehen; nach rechts zweigt die Ottostraße ab. Diese Tankstelle wurde von der Firma NITAG (Naphtaindustrie und Tankanlagen AG) betrieben. Das deutsche Mineralölunternehmen hatte seit den zwanziger Jahren sein Vertriebsnetz auf über 650 Tankstellen in Deutschland ausbauen können. Im Mittelgrund erkennt man eine Reihe von Fahrzeugen, Taxis, die auf Kunden warten. Im Hintergrund rechts schiebt sich das Hauptbahnhofsgebäude ins Bild. Links davon zieht sich die Viktoriastraße (heute Bürgermeister-Brunner-Straße) hinauf zur Kölnischen Straße.

Regenwetter

Die Hohenzollernstraße (heute Friedrich-Ebert-Straße) stadtauswärts gesehen. Im Westen wird es bereits hell, so dass der Regenschauer wohl bald durchgezogen sein wird. Ein Wagen der Straßenbahnlinie 3 hat an der Haltestelle Karthäuserstraße gehalten, mehrere Menschen wollen einsteigen. Hier existiert keine verkehrssichere Haltestelleninsel, wie sie gerade im Jahre 1937 an der Haltestelle Annastraße angelegt worden ist. Betreiber des Straßenbahnnetzes ist die „Große Kasseler Straßenbahn AG", die sich im Jahre 1939 in „Kasseler Verkehrs-Gesellschaft" umfirmiert. Dem gründlichen Betrachter wird ein abzweigendes Gleis auffallen, das zum nahen Gebäude der Oberpostdirektion führt, in dem auch das Postamt II untergebracht war. Auf diesem Gleis verkehrten über ein Jahrzehnt (1920-1931) reichseigene Postwagen, die Postsachen vom Postamt zum Hauptbahnhof transportierten.

Vorderer Westen

„Uhrenspargel" nannten die Kasselaner den schlanken Uhrturm, der auf einer Verkehrsinsel in der Karthäuserstraße elegant emporragte. In dem Eckhaus links, Hohenzollernstraße 25, konnte man sich in der Gastwirtschaft „Zur Neuen Post" stärken, wenn man es nicht vorzog, gegenüber das Bier- und Speisehaus „Zeppelin" aufzusuchen. Hier in der Hohenzollernstraße reihte sich Geschäft an Geschäft, auch Carl Eberth hatte hier sein Fotoatelier. Das Entstehen dieses dicht bebauten Stadtteils ist einem Privatmann zu verdanken, dem Unternehmer Sigmund Aschrott. Diesem war es 1869 gelungen, mit der Stadt einen Vertrag über den Bau einer breiten Straßenachse nach Westen und einiger Querstraßen abzuschließen. Die Wiesen und Äcker dieser Gegend hatte Aschrott aufgekauft, parzelliert und die einzelnen Baugrundstücke veräußert, wobei die Ansiedlung von Industrie generell ausgeschlossen war. Die erfolgreiche Entwicklung veranlasste Aschrott, das so entstandene „Hohenzollernviertel" über die Querallee hinaus weiterzuführen.

Hohenzollernstraße nahe „Klebepalast“

Von einem Fenster in dem 1938 bezogenen Haus Hohenzollernstraße 42, Ecke Kronprinzenstraße (heute Friedrich-Engels-Straße), richtete Carl Eberth das Objektiv seiner Kamera an einem keineswegs freundlichen Tag stadtauswärts. Den Blick in die baumlose Straßenschlucht weitet ein wenig der Vorgarten der neubarocken Landesversicherungsanstalt Hessen-Nassau. Diese hieß im Volksmund „Klebepalast“, da Rentenversicherungsbeiträge mit aufgeklebten Marken belegt werden mussten. Auf der gegenüberliegenden Seite sieht man links im Bild das Haus Nummer 43, in dem sich bis 1938 die Wohn- und Arbeitsräume der Familie Eberth befanden („Atelier für Photographie und Kinematographie“). Die Ende des 19. Jahrhunderts entstandenen Häuserfassaden der Hohenzollernstraße wurden stilistisch lange Zeit sehr kritisch gesehen. „Die Backsteinkästen der neuen Wohnviertel“, so der frühere Stadtarchivar Dr. Friderici, „wurden in den ‚besseren‘ Gegenden mit Renaissance-Pilastern und -säulen, mit Putten und Engeln, mit gotischen Erkern und Fialen monumental aufgeputzt, wie es auch bei den großen öffentlichen Gebäuden der Zeit die Regel war.“

Windmühle auf dem Graß

Früher gab es im Kasseler Raum nur wenige Anlagen zur Windnutzung. Bekannt ist die verschwundene Windmühle am Schlösschen Schönfeld, die der aus Holland stammende Tabakfabrikant Thorbecke Ende des 18. Jahrhunderts errichtete. Bis in die dreißiger Jahre des vorigen Jahrhunderts hatte sich auf dem Graß bei Wehlheiden eine Backsteinruine erhalten, die Reste einer Windmühle, die nach ihrem früheren Besitzer Pempel die „Pempelei" genannt wurde. Im Jahre 1938 wurde die Windmühle von der Stadt restauriert, allerdings wusste man nicht recht, ob man sie als Jugendherberge oder Gasthaus nutzen sollte. So blieb die Mühle ungenutzt, bis sie im Zweiten Weltkrieg durch Bomben wieder zur Ruine wurde.

Goetheanlage

Ein neuer Park war im Kasseler Westen entstanden: die Goetheanlage. Das unbebaute Areal zwischen Herkulesstraße und Kaiserstraße (später Goethestraße), durch das die Drusel floss, erforderte erheblichen Aufwand, um zu einer gärtnerischen Anlage gestaltet zu werden. Am 28. Mai 1933 gab Oberbürgermeister Gustaf Lahmeyer die Anlage zur Nutzung frei. Viele Tausende waren gekommen. Den berichtenden Zeitungsjournalisten fiel auf, dass nicht einer der Zuschauer die frischen grünen Rasenflächen betrat, obwohl man erstmals in Kassel einen Park geschaffen habe, in dem der Rasen nicht mit kleinen Gittern vor dem Betreten geschützt war. Doch sicher herrschte bei den Besuchern der Einweihungsfeier die Einsicht vor, dass es stets zweckmäßig sei, jungen Rasen zu schonen.

Kirchditmolder Aussichtspunkt

Häufig wird bei manchen Wohnungssuchenden, vor allem im Kasseler Westen, ein besonderer Wunsch laut: Blick aus der Wohnung zum Herkules. Natürlich lässt sich diese Vorstellung nicht immer verwirklichen. Kirchditmolder „ohne Herkulesblick" können aber mit wenigen Schritten einen herrlichen Aussichtspunkt mit Blick auf den Habichtswald erreichen: Auf dem Lindenberg nahe dem Katharinenhaus an der Schanzenstraße. Dort lädt auch heute noch – wie hier im Jahre 1938 fotografiert – eine Bank zum Schauen und Verweilen ein, nicht nur hinauf zum Herkules.

Harleshäuser Wasservergnügen

Das Luft- und Schwimmbad Harleshausen wurde am 24. Mai 1936 eingeweiht. Die Tageszeitung „Kasseler Post" war des Lobes voll. „Schön reiht sich das neue Schwimmbad in die Landschaft zu Füßen des Daspel ein. Der Sprungturm mit seinem Drei- und Ein-Meter-Sprungbrett ragt empor. Zu seinen Füßen das Schwimmbecken in den stattlichen Ausmaßen von 20 x 50 Meter." Nach den Eröffnungsreden stürzten sich einige Schwimmer als Erste in die grünen Wellen. Aber das Wasser war eiskalt! Zwar trauten sich noch einige Mutige ein paar „Köpfer" von den Sprungbrettern zu. Doch die Offiziellen entschlossen sich, die für den Nachmittag angesetzten Schwimmwettkämpfe abzusagen. Nicht verzichtet wurde aber auf eine abendliche Fackelbeleuchtung des Schwimmbads und ein Feuerwerk. Von Anfang an erfreute sich das Harleshäuser Bad eines regen Zuspruchs.

Stadtteil Wilhelmshöhe

Bahnhof Wilhelmshöhe

Unter den Vorortbahnhöfen nahm der Wilhelmshöher Bahnhof seit jeher eine Sonderstellung ein, da insbesondere das Schloss Wilhelmshöhe mit dem Bergpark von hier aus auf kurzem Weg zu erreichen war. An Prominenz fehlte es früher nicht, die mit dem Zug anreiste. Unfreiwillig kam allerdings der französische Kaiser Napoleon III. am 5. September 1870 hier an. Sechs Monate musste er als Gefangener im Schloss zubringen. Vor allem war es Kaiser Wilhelm II., der seit 1891 zu Schlossaufenthalten mit dem Zug anreiste und sich auf dem Bahnsteig einen ausschließlich ihm vorbehaltenen Pavillon errichten ließ. Wenige Tage nach Ende des Ersten Weltkriegs traf Generalfeldmarschall Paul von Hindenburg hier ein. Vom Schlosshotel Wilhelmshöhe aus leitete er die Demobilisierung der deutschen Streitkräfte. Es wurde Februar 1919, bis es zur Abreise Hindenburgs kam. Diesen Augenblick hat Carl Eberth senior im Bild festgehalten. Über dem vorgefahrenen Kraftwagen erkennt man das Bahnhofsgebäude mit Uhrtürmchen und links davon ein Haus an der Wilhelmshöher Allee.

Freibad Wilhelmshöhe

„Wundervoll ist das neue Luft- und Schwimmbad in die Wilhelmshöher Landschaft eingefügt. Der Grüngürtel des Habichtswaldes umschließt seine Anlagen in einem festlichen Halbrund, vom großen Schwimmbecken hat man einen herrlichen Blick auf Hochwald und Herkules und in die Weite des Kasseler Talbeckens. Andere Städte mögen größere Schwimmbäder geschaffen haben, eine idealere Lage für ein Luft- und Schwimmbad ist in Deutschland kaum denkbar." Welche Begeisterung spricht aus diesen Zeilen, die ein Journalist anlässlich der Eröffnung des Bades am 13. Juni 1935 zu Papier brachte. Enorm war der Andrang des Publikums bei der Einweihung. Nach den Ansprachen ging es ins Wasser: Zuerst sprang ein junges Mädchen vom Turm ins Becken, die Tochter des Garten- und Landschaftsarchitekten Rudolf Stier, der die Anlage gestaltet hatte. Anschließend boten Mitglieder der Schwimmabteilung der ACT Schwimmvorführungen. Seit seiner Eröffnung hat das Wilhelmshöher Bad nichts von seiner Attraktivität eingebüßt.

Wasserspaß

Auch mit einem Zierbrunnen wurde die Anlage des Wilhelmshöher Bades ausgestaltet, um die Wasserlandschaft zu beleben. Das war natürlich ein zusätzlicher Spaß für die Kinder und Jugendlichen.

Pompöses „Generalkommando"

Mit militärischem Pomp wurde am 11. Mai 1938 in Nachbarschaft zur Heinrich-Schütz-Schule ein Monumentalgebäude eingeweiht, das Wehrkreisdienstgebäude des IX. Armeekorps, kurz Generalkommando genannt. Tausende von Zuschauern standen am Straßenrand, um das militärische Zeremoniell mitzuerleben. Zu beiden Seiten der breiten Eingangstreppe am Schlieffenplatz (heute Graf-Bernadotte-Platz) hatten zwei überdimensionierte Pferdebändiger Aufstellung gefunden. Sie sollten den Triumph über den bezwungenen Willen anderer ausdrücken, ein in der NS-Zeit sehr beliebtes Motiv. Doch was geschah an diesem Tag mit dem Werk des Bildhauers Josef Thorak, einem der gefragtesten Bildhauer der NS-Zeit? Mitglieder des Deutschen Jungvolks, Pimpfe, vereinnahmten es, um möglichst gute Zuschauerplätze zu ergattern! Kein Ordnungsruf erfolgte und Carl Eberth drückte auf den Auslöser seiner Leica.

Park Wilhelmshöhe und Habichtswald

Wasserkünste – Wasserspiele

Das große Finale der Wasserspiele im Wilhelmshöher Bergpark wird im Fontänenteich geboten. Über 50 Meter hoch schleudert die Fontäne ihre Wassermassen empor, nur durch natürlichen Druck erzeugt. Die beim Fall entstehenden Wasserschleier entfalten besondere Schönheit, wenn sie von leichten Winden getragen schwebend zur Seite ziehen und im Sonnenlicht schillern und glitzern. Dieses Wasserschauspiel begeistert immer wieder und zieht Besucherscharen an, an sonnigen Sonntagen sind es Tausende. Ein anderes Bild vermittelt Carl Eberth mit dieser Aufnahme aus der Zeit um 1940. Es dürfte Anfang Mai sein, die Bäume sind noch unbelaubt. Nur wenige Menschen erleben die Wasserspiele; es könnte ein Mittwochnachmittag sein. An diesem Tag laufen die Wasser nur ab Steinhöfer Wasserfall.

Residenz für Fürsten und Kaiser

Auch in der kalten Jahreszeit, der Zeit unbelaubter Bäume, besuchten und besuchen die Kasseler gern den Park Wilhelmshöhe, zumal wenn die Sonne scheint. Angenehm ist es, geschützt vor dem Schloss zu promenieren. Das Schloss der ehemaligen Landesherren, der Kurfürsten von Hessen, nach 1866 zunächst kaum genutzt, erhielt seit 1891 eine neue Funktion als kaiserliche Sommerresidenz. In demokratischen Zeiten nach 1918 wurde es zum Museum. „Der Besucher des Schlosses muß die wundervolle Gliederung der Räume, die Pracht ihrer Ausstattung, den Glanz und die Kostbarkeiten mit eigenen Augen schauen, um sich ein Bild von diesem repräsentablen Fürstensitz im Empirestil machen zu können." So schwärmt ein 1939 erschienener Reiseführer durch „Kassel und seine einzigartige Umgebung". Nur wenige Monate vor Ende des Zweiten Weltkriegs wurde der Mittelbau des Schlosses durch Bomben stark beschädigt, die 14 Meter hohe Kuppel stürzte ein.

Schlosshotel Wilhelmshöhe

An einem sonnigen Vormittag verlässt ein Hochzeitszug das Schlosshotel. Der aus dem 19. Jahrhundert stammende und 1899 grundlegend renovierte Gebäudekomplex verfügte über eine große Zahl von Zimmern und Räumlichkeiten für Feste. Ideal natürlich auch für Hochzeiten, zumal die kirchliche Trauung in der nahe gelegenen Kapelle im Schloss Wilhelmshöhe vollzogen werden konnte. In einer Werbung aus dem Jahre 1939 weist das „traditionsverbundene führende Haus Kassels" besonders darauf hin, dass es ab Herbst 1938 wieder ganzjährig geöffnet sei. Zimmer seien für 4 bis 6 Reichsmark pro Nacht, Pension für 9 bis 11,50 Reichsmark zu haben. Doch die Bomben des Zweiten Weltkriegs verschonten den Bergpark Wilhelmshöhe mit seinen vereinzelt liegenden Bauten nicht. Das Schlosshotel brannte völlig aus.

Aussichtsterrassen am Schlosshotel

„Unsere Wilhelmshöhe hat einen neuen Anziehungspunkt erhalten, der zwar vorwiegend von den Kasselanern selbst benutzt werden dürfte, aber auch den Tausenden von fremden Besuchern einen Aufenthaltsort und ein Landschaftsbild vermitteln wird, wie es in Deutschland nicht häufig zu finden sein dürfte. Der alte an der Ostseite des Schlosshotels gelegene Konzertgarten ... ist in neuer monumentaler Form, der Landschaft angepasst, erstanden, und zwar als modernes Terrassen-Restaurant und Café." So berichtete eine Tageszeitung über die am Sonntag, dem 27. April 1930, erfolgte Eröffnung. Die Neugestaltung war dem bekannten Architekten Heinrich Tessenow zu verdanken. Zwei Jahre zuvor hatte dieser die Malwida-von-Meysenbug-Schule (seit 1940 Heinrich-Schütz-Schule) im Stil der Neuen Sachlichkeit gebaut. Herrlich war der Blick von der Terrasse des Schlosshotels; über die hohen Giebel der Riedwiesensiedlung hinweg reichte er weit in das Kasseler Becken.

Endstation Herkules

Endstation Herkules der elektrischen Bergbahn „Herkulesbahn", ein beliebter Ausgangspunkt im Herzen des Habichtswaldes für Spaziergänger, Wanderer und Skiläufer. Unsere Neuschnee-Aufnahme ist im Jahre 1936 von Carl Eberth belichtet worden. Allerdings kostete eine Fahrt zum Herkules 70 Pfennig. Dafür konnte man zwei Kilogramm Brot oder zwei halbe Liter Bier erhalten! Um zumindest Teilstrecken einzusparen, fuhr mancher nur bis Neu-Holland oder Luisenhaus und lief, teilweise mit geschulterten Skiern, zu den Übungshügeln – auch Idiotenhügel genannt – am Ziegenköpfchen oder am Herbsthäuschen. In einem schneereichen Winter um 1940 stapfte deshalb eine junge Frau (die Mutter des Verfassers dieser Zeilen) von ihrer Wohnung in der Auguste-Viktoria-Straße (heute Breitscheidstraße) auf Skiern auf die Höhen des Habichtswaldes. Bei der Rückkehr war dann die Abfahrt über den Goßmannweg ein besonderes skifahrerisches Vergnügen!

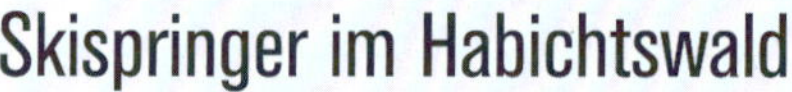

Skispringer im Habichtswald

Skisprung im Habichtswald, eine Sportart, die dort leider nicht mehr ausgeübt wird und fast vergessen ist. Im Jahre 1928 lässt sich eine erste Skisprungschanze am Herbsthäuschen nachweisen. Gesprungen wurde ohne Helm, in Lederschuhen bis zum Knöchel, mit einer Kabelzug-Bindung auf 2,20 Meter langen Skiern aus Hickory- oder Eschenholz, die drei Längsrillen aufwiesen. Sprünge bis zu 26 Metern wurden gemessen. Nicht selten zogen sich die Skisprungpioniere schwere Verletzungen zu. Unsere Aufnahme stammt aus dem Jahre 1934. Es blieb nicht bei dieser einen Skisprungschanze am Kleinen Herbsthaus. In den Jahren 1934 bis 1936 bauten Enthusiasten eine weitere Sprungschanze am Osthang des Ziegenkopfes. Diese Anlage, später benannt nach Max Höfer, der 1954 am Willinger Mühlenkopf tödlich verunglückte, ermöglichte Sprünge bis zu 32 Meter, nach einer Erneuerung in der Nachkriegszeit bis zu 41,5 Meter.

Roter Stollen

Ein Industriestandort hoch oben im Habichtswald, nahe dem Hohen Gras, ungefähr auf einer Höhe mit dem Oktogon des Herkules: die Braunkohlenzeche Roter Stollen. Schon seit Ende des 16. Jahrhunderts förderte man unweit am Ziegenkopf Braunkohle und über die Jahrhunderte wurden mehrere Zechen eingerichtet, darunter auch der Rote Stollen. Den Abtransport der Kohlen, bis dahin durch Pferdefuhrwerke besorgt, verlagerte man ab 1902 auf die Herkulesbahn. Erst 1918 wurde das zwei Kilometer lange letzte Teilstück von Neu-Holland bis zur Zeche angelegt. Jedoch ging die Kohleförderung zurück, so dass die Zeche Roter Stollen am 1. Oktober 1938 stillgelegt wurde. 1940 stellte man auch den Personenverkehr auf dieser Strecke ein. Mittlerweile sind Zechenbauten und Gleisstrecke fast gänzlich verschwunden.

Abschiedsblick vom Herkules

Nehmen wir Abschied vom Kassel der Zeit vor dem Zweiten Weltkrieg mit einem Blick vom Herkules in das Kasseler Becken, ein immer wieder von Touristen und Einheimischen gern fotografiertes Motiv. So großartig und attraktiv die barocke Bergpark-Anlage war und ist, waren doch von Anfang an besondere Pflege- und Sanierungsmaßnahmen erforderlich, und das in nicht zu großen zeitlichen Abständen. In den zwanziger Jahren des 20. Jahrhunderts zog die staatliche Baubehörde eine auswärtige Kapazität zu Rate. Professor Dipl.-Ing. Georg Rüth von der Technischen Hochschule Darmstadt hatte sich durch erfolgreiche konservatorische Sicherungsmaßnahmen an der Dresdner Frauenkirche und am Mainzer Dom einen Namen gemacht. 1929 und in den darauffolgenden Jahren sorgte er am Oktogon für den Einbau zusätzlicher Anker, für Zementeinspritzungen und für einen „wasserdichten Hut" des Oktogons. Bei einem Ortstermin hielt Carl Eberth den Experten im Bild fest.

Weitere Bücher über Ihre Region

Kassel-Comic: Ephesus und Kupille
Die Entführung des Herkules
Horst Seidenfaden, Niko Mönkemeyer
48 Seiten, zahlr. farbige Illustrationen
ISBN 978-3-8313-2990-8

Kassel – documenta-Stadt
deutsch/english/français
Iris Endisch
64 Seiten, zahlr. Farbfotos
ISBN 978-3-8313-2512-2

Der Horizont in hellen Flammen
Die Bombardierung Kassels
am 22. Oktober 1943
Thomas Siemon, Werner Dettmar
56 Seiten, zahlr. S/w-Fotos
ISBN 978-3-8313-1391-4

Geschichten und Anekdoten aus Kassel
Schwer was los im „Ahlen Nest“
Jürgen Nolte
80 Seiten, zahlr. S/w-Fotos
ISBN 978-3-8313-2454-5

Das war mein Haus am Ständeplatz
Inge Zumbach
Herausgegeben von Wolfram Boder
112 Seiten, zahlr. S/w-Fotos
ISBN 978-3-8313-2455-2

Kassel – einfach Spitze!
100 Gründe, stolz auf diese Stadt zu sein
Peter Ochs
112 Seiten, zahlr. Farbfotos
ISBN 978-3-8313-2909-0

Wartberg-Verlag GmbH Bücher für Deutschlands Städte und Regionen
Im Wiesental 1 | 34281 Gudensberg Tel. 0 56 03-93 05 0
www.wartberg-verlag.de Fax 0 56 03-93 05 28